박남규 지음

저자 박 남 규

거창고등학교, 한양대학교 영어영문학과, 한양대학교 대학원(영어학전공) 졸업 후, 25여 년 동안 대학강사, 유명 대입전문학원 영어강사, 일간지 대입수능영어 칼럼리스트, 학원 경영자 등의 활동을 해왔고, 노래따라 첫말잇기 자동암기 평생기억 암기법을 창안하여, 그 방법을 토대로, 유아, 유치원, 초등, 중등, 고등, 수능용 첫말잇기 영단어시리즈와 첫말잇기 영단어와 성구암송 등 다수를 저술했고, 현재는 유빅토리 대표 및 조이보카(JOYVOCA) 외국어연구소 소장으로 출판과 저작활동에 전념하고 있다.

만든 사람들

저자 | 박남규

발행인 | 박남규

발행처 | 유빅토리

인쇄 | 홍진씨앤피(주)

발행 | 2016년 1월 15일

등록 | 제2014-000142호

주소 | 서울특별시 강남구 압구정로 224. 208호 (신사동)

전 화 02) 541-5101 팩스 02) 541-5103

홈페이지 | www.첫말잇기.com

이메일 | ark5005@hanmail.net

어제 **왕초보** 오늘은 **암기달인** 학습법

노래따라 단어암기 • 28일 초단기 완성

첫말잇기

고등영단어

박 남 규 지음

어제 **왕초보** 오늘은 **암기달인** 학습법

내비게이터식

자동암기 평생기억

고3 외국어영역 성적이 5~7등급에 지나지 않던, 영어공부와 담쌓았던, 저자의 둘째 아들이 9월말부터 입시 전까지 단 1개월 남짓의 집중 암기로 2014년 대학입시에서, 소위 SKY대학교(본교) 바이오 의공학부 (Bio-Medical Engineering Dept.)에, 수능성적 우수자 우선 선발전형으로 합격할 정도의 놀라운 학습법임이 입증되었다.

수많은 영어학원과 각종 영어 학습도구들이 전국 어디에나 넘쳐날 정도로 전 국민이 영어공부에 몰입되어 있지만, 정작 한국인의 영어구사능력은 전 세계에서 가장 뒤쳐져 있다는 현실은 참으로 안타까운 일이 아닐 수 없다. 투자와 노력만큼 실력이 늘지 않는 것은, 한국인이라면, 모두가 겪고 있는 영어공부의 문제일 것이다. 오랫동안 교육 현장에서, 이런 고질적인 문제의 해법을 찾던 중, 영어공부와는 아예 담쌓고 지내던 저자의 둘째아이가 수능 시험일을 불과 40여일 앞두고 다급하게 도움 요청을 한 것을 계기로, 수년 전부터 생각해 왔던 첫말잇기 방법을 짧은 기간 동안 적용해본 결과, 놀라운 효과를 확인하고, 오랫동안 보다 체계적인 다양한 검증을 거친 후, 자동차 내비게이터가 길을 안내하듯이, 단어암기 내비게이터가 암기와 기억을 자동으로 안내하는 신개념 단어암기법 첫말잇기 자동암기 평생기억법(특허출원번호 10-2014-0023149)을 내놓게 되었다.

아무쪼록, 첫말잇기 영단어암기법이 영어 공부에 어려움을 겪고 있는 모든 분들에게 한줄기 희망의 빛이 되기를 소망하면서 본 교재를 소개한다.

노래가사 글자하나하나가 자동암기 내비게이터

케이블 TV와 유명 도서업체들이 출간 즉시 전국 일간신문 인터넷 홈페이지에 수개월 동안 자체 광고로 소개한 기적의 자동암기 평생기억 암기법(Auto-Memorizing Never Forgotten)

첫말잇기 암기법의 자기주도 학습효과는 역시 놀라웠다.

영어실력이 극히 부진하고 영어에 흥미를 잃은 학생들을 주 대상으로 실험을 했고, 그들 모두가 단기간에 어마어마한 수의 단어를 쉽게 암기했다. 단어의 수가 아무리 많아도, 전혀 부담감을 느끼지 않았고, 암기 후 오랜 시간이 지나도, 암기했던 차례대로 척척 기억해 냈다. 기존에 겪었던 암기에 대한 어려움이나 싫증을 느끼지 않았고, 암기 후에 쉽게 잊어버리지도 않았다. 자발적으로 끊임없이 사고하고 추리하도록 학습에 대한 호기심과 동기를 유발시켜주는 자기주도 학습방법이라는 사실이 입증되었다. 암기내비게이터의 안내에 따라 복습을 되풀이하기도 쉽고, 치매나 기억상실증으로 인해 노래가사를 잊어버리지 않는 한, 그것에 대응된 영단어도 오래오래 기억할 할 수 있는 탁월한 효과가 있었다. 또, 한글을 읽을 수 있는 능력만 있으면, 남녀노소 누구든지 쉽게 암기 가능한 방법이라는 것도 확인되었다.

첫말잇기 자동암기(Auto-Memorizing) 평생기억(Never Forgotten) 암기법

암기내비게이터인 노래가사가 암기할 단어와 암기한 단어를 자동 안내하기 때문에, 노래가사만 알면, 암기가 자동으로 이루어지며, 암기한 단어는 영원히 기억 가능한 **신개념 학습교재**이다.

한 권 전체 또는 수천 개의 단어도 수록된 순서대로 통째 암기 가능한 암기법

암기내비게이터인 노래가사 순서대로 단어가 수록되어 있어서, 수록된 순서대로 암기가능하며, 한 권 전체, 또는 수천 개의 단어도 순서대로 통째 암기 가능한 학습방법이다. 전 국민이 즐겨 암송하는 애국가, 유명동요, 유명가요 등의 **노래가사의 글자하나하가 단어암기내비게이터** 역할을 하기 때문에 많은 영단어들이 가사 순서대로 자동으로 암기되고 기억된다.

영어공부와 담쌓았던 실패자도 모범적 자기주도 학습자로 치유케 하는 암기법

암기내비게이터의 안내만 따라가면, 굳이 머리 싸매고 공부할 필요 없이, 단시간의 암기로도 수만은 단어의 암기가 가능하기에, 최단기간에 최소의 노력으로 기존의 암기법 보다 몇 배 이상의 많은 단어를 암기할 수 있는 암기법이다. 하면 할수록 공부의 재미가 점점 더해지는 첫말잇기 암기법은, 부지런한 소수 악바리들만 성공 가능했던 어려운 영어공부를, 이제, 자신감을 잃고 포기한 게으른 학습 부진자들에게도 공부의 재미를 회복시켜 모범적인 자기주도 학습자로 거듭나게 하는 학습법이다.

영어왕초보 학부모님도 자녀들의 훌륭한 과외교사가 될 수 있는 학습법

암기내비게이터의 안내만 따라가면, 영어 왕초보 학부모님도, 자녀들을 과외교사나 학원에 맡길 필요 없이, 직접 자녀를 개천의 용으로 양육 가능한, 훌륭한 가정교사가 될 수 있고, 자녀들과 함께 짝을 이뤄 암기하면 부모님도 단기간에 영단어 암기의 달인이 될 수 있는 학습법이다.

선행학습 걱정 끝

암기내비게이터의 안내만 따라가면, 쉽게 암기되기 때문에, 고학년 난이도의 단어를 저학년 학생도 쉽게 암기 가능한 자연스럽고 이상적인 선행학습 방법이다.

게임처럼 즐길 수 있는 생활 친화적 단어암기 놀이 학습법

암기내비게이터의 안내만 따라가면, 혼자는 물론이고, 온가족이 함께 할 수도 있고, 부모와 자녀, 또는 친구나 주변의 누구와도 함께 암기할 수 있으며, 마치 유치원이나 초등학교에서 반 전체가 합창으로 구구단을 외우듯이, 즐겁고 신나게 공부할 수 있어서, 어렵고 힘들고 싫어도, 억지로 해야만 하는 영단어공부가 아니라, 노래하며 즐길 수 있는 생활 친화적 단어암기 놀이이다.

기존 단어장보다 3~4배 이상 더 많은 단어 수록

기존 단어장 한 페이지에는 겨우 4~6개의 단어만 수록되어 있고, 나머지 80% 이상의 공간은 단어 이외의 예문이나 파생어 등으로 가득 채워져 있다. '예문이나 파생어를 활용하면 암기나 기억에 더 효율적일수도 있지 않을까'하는 막연한 기대감의 반영이겠지만, 이는 단순히 책 페이지만 늘일 뿐이며, 영단어 암기하기도 어려운데 예문까지 암기해야 하는 이중고만 겪게 하고, 그야말로 영어 공부에 학을 떼게 하는 고문일 뿐만 아니라, 기대했던 효과를 얻기는 어렵다. 사실 학습자들은 이런 부수적인 내용들에는 십중팔구 눈길조차 주지 않는다. 그러나 첫말잇기 암기법은 이런 소모적인 문제를 걱정할 필요가 없으며, 같은 두께의 책에 다른 단어장들보다 3~4배 이상의 단어가 수록되어 있다.

교포2세의 모국어 학습교재

한국어를 구사할 수 없는 교포2세들의 한글공부는 물론이고 애국가, 우리나라 동요, 시조 등 모국의 문화를 자연스럽게 접할 수 있는 학습용교재로 활용하기에 아주 좋은 방식으로 구성되어 있다.

세계를 호령하는 소수민족 유태인들의 자녀교육방법인 하브루타식 단어 학습법

암기내비게이터의 안내만 따라가면, 혼자서는 물론이고, 여럿이 함께 낱말게임을 즐기듯이 문답식으로도 자동 암기가 가능하다. 무조건적인 암기가 아니라, 단어암기 내비게이터가 일정한 원리에 따라 자연스럽게, 끊임없이 호기심을 유발시켜, 사고하고 추론하도록 유도한다. 또, 학습상대와 질의 · 응답과 토론을 통해, 학습하는 것을 즐기게 하여, 궁극적으로 창의적인 인재로 키워내는 유태인의 자녀교육 방법인 하브르타방법과 같은 암기방법이라 할 수 있다.

영어공부에 대한 과거의 트라우마 때문에, 영어책을 다시 펼치기조차 두려운, 자신감이 극도로 위축된 기존의 많은 영어 패배자들에게도, 첫말잇기 영단어암기법이 잃었던 자신감과 흥미의 불씨를 되살리는 부싯돌이 되기를 바란다.

유태인의 하브루타 교육법이란?

하브루타는 원래 함께 토론하는 짝, 즉 파트너를 일컫는 말이었는데, 짝을 지어 질문하고 토론하는 교육방법으로 확대 사용되고 있다. 따라서 토론하는 상대방을 말하기도 하고, 짝을 지어 토론하는 행위 자체를 의미하기도 하며, 오늘날은 주로 후자의 경우로 사용되고 있다.

하브루타 교육이란 짝을 지어 질문하고, 대화하며 토론과 논쟁을 통해, 끊임없는 사고 작용을 유발시켜 뇌의 효율적 발달을 자극하는 교육법으로. 유대인 부모들은 자녀들의 뇌의 자극을 위해 어릴 때부터 끊임없이 왜?라는 질문을 던지게 하여, 호기심을 유발시켜 창의적인 사고를 유도한다.

이런 조기의 질의응답식 사고가 다양한 견해, 관점, 시각을 갖게 하여 궁극적으로 창의적인 인재로 성장케 한다. 하브루타는 본래 토론상대와 다른 생각과 다른 시각으로 자신의 견해를 논리적으로 전개하면서 열띤 논쟁을 유도하기 때문에 자연스럽게 창의적 인재양성에 최적의 방법이 되는 셈이다.

이같은 교육이 겨우 600만에 지나지 않는 소수 유대인들이 노벨수상자의 30%를 차지하는 등, 수많은 인재배출로 세계를 호령하게 하는 원동력이 되었다.

저자 박남규

어제 **왕초보** 오늘은 **암기달인** 학습법

첫말잇기 영단어는 이렇게 구성되어 있습니다!

암기내비게터로 자동암기 평생기억! 첫말잇기 단어장

노래가사 글자하나하나가 암기할 단어뿐만 아니라 그 전후의 단어까지도 친절하게 안내하는 **첫말잇기** 자동암기(Auto-Memorizing) 평생기억(Never Forgotten)법으로 구성했다.

애국가, 인기 동요, 가요, 속담, 시, 시조 등의 가사 글자하나하나가 암기내비게이터 역할을 하도록 왼쪽에 세로로 나열하고, 그 오른쪽에는 암기내비게이터 글자와 첫음절 발음이 같은 영단어(**붉은색단어**)나, 또는 우리말 뜻의 첫음절 글자가 같은 영단어(푸른색 단어)를 각각 하나씩 대응시켜 노래가사 순서대로 첫말잇기 게임식으로 구성했다. 따라서 노래가사를 통해, 암기할 단어뿐만 아니라, 그 전후에 있는 이미 암기한 단어와 다음에 암기할 단어까지도 자동으로 예측할 수 있게 했다.

암기 효율 극대화~ 붉은색 단어의 탁월한 암기효과

푸른색 단어**보다 붉은색 단어**가 암기와 기억에 훨씬 효과적이었던 오랫동안의 실험결과에 따라, **붉은색 단어**를 더 많이 수록함으로써 암기의 효율을 극대화 했다.

03 영어발음을 가능한 한 원어 발음에 가까운 우리말 발음으로 표기

영어발음을 원어발음과 가깝게 표기했고 발음상의 차이로 인해 대응에 어려움이 있는 경우에는 약간의 수정을 통해 문제점을 극복했다.

04 암기내비게이터의 내용에 따라 PART별로 구분해서 수록

노래가사가 담고 있는 내용에 따라 몇 개의 Part로 나누어 수록했다.

05 동영상 활용으로 보다 효율적인 암기

노래와 율동으로 영단어를 보다 재미있게 외우는 동영상을 활용하면 암기 효율을 배가시킬 수 있다.

06 교포2세들이 모국어 학습과 문화를 이해하는 데 효과적으로 구성

한국어에 서툰 교포2세들의 한글공부와 노래, 시, 속담 등을 통해 모국문화를 배울 수 있는 학습교재이다.

07 암기동영상으로 푸짐한 선물 받기

게임이나 율동 등으로 단어를 암기하는 동영상을 홈페이지에 올려 주시면 매달 우수 동영상에 선정된 분들께 소정의 선물을 제공함.

첫말잇기 단어장

차례보기 01

I 나라사랑

1. 애국가 1절 ········ 16
2. 애국가 2절 ········ 21
3. 애국가 3절 ········ 26
4. 애국가 4절 ········ 31
5. 한국을 빛낸 100인 1절 ········ 36
6. 한국을 빛낸 100인 2절 ········ 46
7. 한국을 빛낸 100인 3절 ········ 56
8. 한국을 빛낸 100인 4절 ········ 66
9. 한국을 빛낸 100인 5절 ········ 76
10. 독도는 우리 땅 1절 ········ 82
11. 독도는 우리 땅 2절 ········ 86
12. 독도는 우리 땅 3절 ········ 90

II 감사

13. 어머님 은혜 1절 ········ 96
14. 어머님 은혜 2절 ········ 101
15. 스승의 은혜 ········ 106
16. 당신은 사랑받기 위해 태어난 사람 ········ 112

III 국민 애창동요 (1)

17. 섬 집 아이 ······ 126
18. 사과 같은 내 얼굴 ······ 130
19. 고요한 밤 거룩한 밤 ······ 133
20. 과수원 길 ······ 137
21. 어린이날 노래 ······ 144
22. 솜사탕 ······ 148

IV 국민 애창동요 (2)

23. 나의 살던 고향은 1절 ······ 156
24. 나의 살던 고향은 2절 ······ 161
25. 개구리 소년 ······ 165
26. 노을 지는 강가에서 ······ 172
27. 둥근 해가 떴습니다. ······ 180
28. 아빠 힘내세요 ······ 188

V 국민 인기가요

29. 돌아와요 부산항에 1절 ······ 200
30. 돌아와요 부산항에 2절 ······ 206

VI 속담모음

1. 남의 떡이 커 보인다. ········ 214
2. 나쁜 소식 빨리 퍼진다. ········ 214
3. 작은 고추가 맵다. ········ 215
4. 잔치 뒤에 계산서가 따른다. ········ 216
5. 클수록 요란하게 넘어진다. ········ 217
6. 선견지명보다 때 늦은 지혜가 낫다. ········ 218
7. 엎친 데 덮친 격 ········ 220
8. 벼락은 같은 장소에 두 번 떨어지지 않는다. ········ 220
9. 무소식이 희소식 ········ 222
10. 진실만큼 괴로운 것은 없다. ········ 223
11. 피는 물보다 진하다. ········ 224
12. 친할수록 더 예의를 잘 지켜라. ········ 224
13. 유유상종 ········ 226
14. 뭉치면 산다. ········ 226
15. 손바닥도 마주쳐야 소리가 난다. ········ 227
16. 친구를 보면 그 사람을 안다. ········ 228
17. 백지장도 맞들면 낫다. ········ 229
18. 둘은 친구가 되지만 셋은 삼각관계가 된다. ········ 230
19. 하루에 사과 하나면 병원을 멀리할 수 있다. ········ 231
20. 상대를 이기지 못하면 차라리 한편이 되라. ········ 233
21. 절이 싫으면 중이 떠나야 한다. ········ 235
22. 긁어 부스럼 ········ 236
23. 돌다리도 두들겨 보고 건너야. ········ 236
24. 쇠뿔도 단김에 빼라. ········ 238
25. 쇠도 달구어졌을 때 때려야 한다. ········ 238
26. 로마에 가면 로마법을 따르다. ········ 240
27. 자선은 가정에서 시작된다. ········ 241
28. 분수에 맞는 일을 해라. ········ 242
29. 은혜 베푼 사람 배반하지 마라. ········ 243
30. 엎질러진 물은 다시 담을 수 없다. ········ 244

31. 뚝배기보다 장맛 ········· 245
32. 역지사지 ········· 246
33. 선물로 받은 말의 입속을 들여다보지 마라. ········· 247
34. 김칫국부터 마시지 마라. ········· 249
35. 계란을 한 바구니에 담지마라. ········· 250
36. 오늘 할 일을 내일로 미루지 마라. ········· 251
37. 마차를 말 앞에 대지 마라. ········· 252
38. 오십 보 백 보 ········· 253
39. 아니 땐 굴뚝에 연기 나랴. ········· 254
40. 시작이 반이다. ········· 255
41. 유비무환 ········· 255
42. 망설이는 자는 기회를 잃는다. ········· 256
43. 제 눈에 안경 ········· 257
44. 고통 없이는 아무 것도 얻을 수 없다. ········· 258
45. 호랑이굴에 가야 호랑이를 잡지. ········· 259
46. 펜은 칼보다 강하다. ········· 260
47. 연습하면 완벽해진다. ········· 261
48. 로마는 하루아침에 이루어진 게 아니다. ········· 262
49. 우는 아이 젖 준다. ········· 263
50. 배움에는 나이가 없다. ········· 264
51. 배고픈 사람이 찬밥 더운밥 가리랴. ········· 265
52. 제 버릇 개 못 준다. ········· 266
53. 사람은 빵으로만 살 수 없다. ········· 267
54. 말을 물로 끌고 갈 수는 있어도 물을 강제로 먹일 수는 없다. ········· 268
55. 제비 한 마리 왔다고 여름이 온 것은 아니다. ········· 270
56. 최후의 승자가 진정한 승자다. ········· 272
57. 세 살 버릇 여든 간다. ········· 273
58. 호랑이 없는 굴에 토끼가 왕 ········· 274
59. 한 사람에게 약이 되는 일이 다른 사람에게 독이 되기도 한다. ··· 275
60. 금강산도 식후경 ········· 277
61. 천리 길도 한걸음부터 ········· 278
62. 태산명동 서일필 ········· 279

Part Ⅰ

노래가사 첫말잇기로 자동암기

나라사랑

순서

1. 애국가 1절 ······ 16
2. 애국가 2절 ······ 21
3. 애국가 3절 ······ 26
4. 애국가 4절 ······ 31
5. 한국을 빛낸 100인 1절 ······ 36
6. 한국을 빛낸 100인 2절 ······ 46
7. 한국을 빛낸 100인 3절 ······ 56
8. 한국을 빛낸 100인 4절 ······ 66
9. 한국을 빛낸 100인 5절 ······ 76
10. 독도는 우리 땅 1절 ······ 82
11. 독도는 우리 땅 2절 ······ 86
12. 독도는 우리 땅 3절 ······ 90

1 애국가 1절

번호	첫말	뜻	품사	영단어
1	동	**동료**, 친구, 상대, 반려	명	**companion** [kəmpǽnjən]
2	해	**해브 투 두 위드**, ~와 관계가 있다 ; What do I have to do with you? 내가 너와 무슨 관계가 있는가?		**have to do with ~**
3	물	**물기 있는**, 유형의, 축축한, 습기 있는, 습기 찬	형	**damp** [dæmp]
4	과	**과다**, 과잉, 초과, 과도	명	**excess** [iksés, ékses]
5	백	**백본**, 등뼈, 척추, 분수령	명	**backbone** [bǽkbòun]
6	두	**두, 듀**, 당연한, ~으로 인한, 지불 기일이 된	형	**due** [dju:]
7	산	**산책하다**, 거닐다, 어슬렁어슬렁 거닐다 ; 산책, 거닐기	동	**stroll** [stroul]
8	이	**이질리**, 쉽게, 용이하게, 편하게, 안락하게	부	**easily** [í:zəli]
9	마	**마이그러토리**, 이동하는, 이주하는, 방랑성의 ; a ~ bird 철새	형	**migratory** [máigrətɔ̀:ri]
10	르	**러스틱**, 시골의, 시골풍의, 전원 생활의, 단순한, 소박한	형	**rustic** [rʌ́stik]
11	고	**고우 뜨루**, 경험하다, (고난 · 경험 등을) 이겨내다, 거치다		**go through**

12	닮	닮아빠진, 야윈, 초췌한	형	worn [wɔːrn]
13	도	도메스터케이트, (동물 따위를) 길들이다, 교화하다, 가정에 익숙케 하다	동	domesticate [douméstəkèit]
14	록	록케이션, 로케이션, 장소, 위치, 부지, 소재	명	location [loukéiʃən]
15	하	하지 않을 수 없다 ; I cannot help laughing. 웃지 않을 수 없다.		cannot help ~ing
16	느	느린, 완만한, 늦은, 더딘, 우물쭈물하는, 마지못해 하는	형	tardy [tάːrdi]
17	님	임브레이스, 얼싸안다, 껴안다, 포옹하다, 품다, 포함하다	동	embrace [imbréis]
18	이	이즈, 덜다, 완화하다, 안심시키다	동	ease [iːz]
19	보	보이스트러스, 몹시 사나운, 거친, 시끄러운, 활기찬, 난폭한	형	boisterous [bɔ́istərəs]
20	우	우드 래더 ~, 하는 것이 더 낫다 ; I'd would like a cup of coffee. 커피를 마시는 것이 낫겠다.		would rather ~
21	하	하미지, 아미지, 존경, 충성 ; pay homage to ~에게 경의를 표하다	명	homage [hάmidʒ]
22	사	사운드, 건전한, 정상적인, 상하지 않은, 확실한, 안전한	형	sound [saund]
23	우	우승, 선수권, 결승전	명	championship [tʃǽmpiənʃip]

24	리	리쁠렉트, 반사하다, 반영하다, 반성하다, 숙고하다	동	reflect [riflékt]
25	나	나이슬리, 훌륭하게, 기분 좋게	부	nicely [náisli]
26	라	라버, 로버, 도둑, 강도, 약탈자	명	robber [rábəːr / rɔ́bəːr]
27	만	만뜰리, 매달의, 달마다, 매월	부	monthly [mʌ́nəli]
28	세	세틀, 놓다, 두다, 안정시키다, 진정시키다, 설치하다	동	settle [sétl]
29	무	무드, 기분, 마음, 심기	명	mood [muːd]
30	궁	궁금증, 호기심, 캐기 좋아하는 마음, 신중함	명	curiosity [kjùəriásəti]
31	화	화, 노염, 성	명	anger [ǽŋgər]
32	삼	삼가는, 조심하는, 주의 깊은, 신중한	형	cautious [kɔ́ːʃəs]
33	천	천거[추천]하다, 권고하다, 충고하다	동	recommend [rèkəménd]
34	리	리프트, 올리다, 들어 올리다	동	lift [lift]
35	화	(얼굴이) 화끈 달아오르다, 붉어지다, 상기되다	동	flush [flʌʃ]

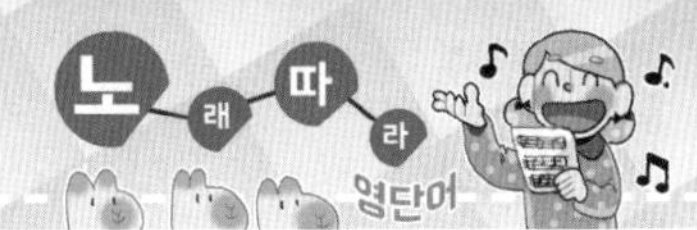

36	려	여린, 허약한, 망가지기 쉬운, 무른, 깨지기 쉬운	형	fragile [frǽdʒəl / -dʒail]
37	강	강하게 하다, 강화하다, 튼튼하게 하다, 힘을 돋우다	동	strengthen [stréŋkθ-ən]
38	산	산만하게 하다, 혼란케 하다, 흩뜨리다, (딴 데로) 돌리다	동	distract [distrǽkt]
39	대	대시, 돌진하다, 충돌하다, 내던지다, 부딪치다,	동	dash [dæʃ]
40	한	한결같은, 불변하는, 시종일관된, 일치[조화 · 양립]하는	형	consistent [kənsístənt]
41	사	사이드 바이 사이드, 나란히, 병행하여		side by side
42	락	암, 무장시키다 ; 무기, 병기, 고시	동	arm [ɑːrm]
43	대	대립, 충돌, 갈등, 마찰, 불일치, 알력	명	conflict [kánflikt]
44	한	한탄하다, 개탄하다, 뉘우치다, 애도하다	동	deplore [diplɔ́ːr]
45	으	어드밴스트, 앞으로 나아간, 진보한, 앞선, 진보적인, 선구의	형	advanced [ədvǽnst]
46	로	로테이트, 회전하다, 교대하다, 순환하다	동	rotate [róuteit]
47	길	길트, 죄, 유죄, 범죄행위	명	guilt [gilt]

48	이	이컵먼트, 장비, 설비, 비품, 준비	명	**equipment** [ikwípmənt]
49	보	보우스트, 자랑하다, 떠벌리다, 큰소리치다	동	**boast** [boust]
50	전	전념하다, 몰두하다, ~에 빠지다, 몰입하다		**be absorbed in ~**
51	하	하이잭, (비행기를) 공중납치하다, 강제하다, 약탈하다	동	**hijak, highjack** [háidʒæ̀k]
52	세	세이지, 현인, 철인 ; 슬기로운, 현명한, 사려 깊은	명	**sage** [seidʒ]

2 애국가 2절

1	남	남다, 남아있다, 없어지지 않고 있다, 살아남다, 머무르다, 체류하다	동	remain [riméin]
2	산	산뜻한, 정연한, 균형 잡힌	형	neat [ni:t]
3	위	위큰, 약화시키다, 약하게 하다, 묽게 하다	동	weaken [wí:k-ən]
4	에	에세이, 수필, 시론, 평론	명	essay [ései]
5	저	저스트, 올바른, 공정한, 정당한 ; 정확히, 바로, 틀림없이	형	just [dʒʌst]
6	소	소우 애즈 투 ~, ~하기 위하여		so as to ~
7	나	나띵 벗, 다만, 단지, ~밖에는(except)		nothing but
8	무	무디, 변덕스러운, 언짢은, 뚱한, 우울한	형	moody [mú:di]
9	철	철면피의, 염치없는 뻔뻔스러운, 건방진	형	impudent [ímpjədənt]
10	갑	갑옷과 투구, 갑주, 방비	명	armor [á:rmər]
11	을	얼터니트, 번갈아하다, 교대하다	동	alternate [ɔ́:ltərnit, ǽl-]

12	두	두각을 나타내는, 탁월한, 현저한, 두드러진	형	prominent [prámənənt]
13	른	언어카스텀드, 익숙지 않은, 숙달되지 않은	형	unaccustomed [ʌ̀nəkʌ́stəmd]
14	듯	~듯이, ~처럼, 마치 ~처럼		as if = as though
15	바	바브러스, 야만스러운, 미개한, 잔인한, 조잡한, 상스러운	형	barbarous [bάːr bərəs]
16	람	암리스, 팔이 없는, 무방비의, 무기 없는	형	armless [άːrmlis]
17	서	서먼, 소환하다, 호출하다, 출두를 명하다, 소집하다	동	summon [sʌ́mən]
18	리	리드, 해방하다, 면하게 하다, 자유롭게 하다	동	rid [rid]
19	불	불러틴, 게시, 고시, 발표, 뉴스 속보, 전황발표	명	bulletin [búlətin]
20	변	변경하다, 수정하다, 조절하다, 완화하다	동	modify [mάdəfài]
21	함	함, 해, 손해, 해악, 손상	명	harm [hɑːrm]
22	은	언이지, 불안한, 걱정되는, 근심스러운, 꺼림칙한, 불편한	형	uneasy [ʌníːzi]
23	우	우롱하다, 조롱하다, 비웃다, 바보취급하다		make a fool of ~

24	리	리디큐-울, 우롱, 조롱, 비웃음, 조소	명	ridicule [rídikjù:l]
25	기	기프티드, 타고난, 재능이 있는	형	gifted [inʌ́fid]
26	상	상업, 통상, 무역, 거래, 교섭	명	commerce [kάmərs]
27	일	일렉션, 선거, 선정, 선임, 표결, 투표	명	election [ilékʃən]
28	세	세러머니, 식, 의식, 의례, 예법, 예의, 형식	명	ceremony [sérəmòuni]
29	무	무-드, 기분, 마음, 심기	명	mood [mu:d]
30	궁	궁금증, 호기심, 캐기 좋아하는 마음, 신중함	명	curiosity [kjùəriάsəti]
31	화	화, 노염, 성	명	anger [ǽŋgər]
32	삼	삼가는, 조심하는, 주의 깊은, 신중한	형	cautious [kɔ́:ʃəs]
33	천	천거[추천]하다, 권고하다, 충고하다	동	recommend [rèkəménd]
34	리	리프트, 올리다, 들어 올리다	동	lift [lift]
35	화	(얼굴이) 화끈 달아오르다, 붉어지다, 상기되다	동	flush [flʌʃ]

36	려	여린, 허약한, 망가지기 쉬운, 무른, 깨지기 쉬운	형	fragile [frǽdʒəl / -dʒail]
37	강	강하게 하다, 강화하다, 튼튼하게 하다, 힘을 돋우다	동	strengthen [stréŋkə-ən]
38	산	산만하게 하다, 혼란케 하다, 흩뜨리다, (딴 데로) 돌리다	동	distract [distrǽkt]
39	대	대시, 돌진하다, 충돌하다, 내던지다, 부딪치다	동	dash [dæʃ]
40	한	한결같은, 불변하는, 시종일관된, 일치[조화 · 양립]하는	형	consistent [kənsístənt]
41	사	사이드 바이 사이드, 나란히, 병행하여		side by side
42	람	암, 무장시키다 ; 무기, 병기, 군사	동	arm [ɑːrm]
43	대	대립, 충돌, 갈등, 마찰, 불일치, 알력	명	conflict [kάnflikt]
44	한	한탄하다, 개탄하다, 뉘우치다, 애도하다	동	deplore [diplɔ́ːr]
45	으	어드밴스트, 앞으로 나아간, 진보한, 앞선, 진보적인, 선구의	형	advanced [ədvǽnst]
46	로	로테이트, 회전하다, 교대하다, 순환하다	동	rotate [róuteit]
47	길	길트, 죄, 유죄, 범죄행위	명	guilt [gilt]

48	이	이큅먼트, 장비, 설비, 비품, 준비	명	equipment [ikwípmənt]
49	보	보우스트, 자랑하다, 떠벌리다, 큰소리치다	동	boast [boust]
50	전	전념하다, 몰두하다, ~에 빠지다, 몰입하다		be absorbed in ~
51	하	하이잭, (비행기를) 공중납치하다, 강제하다, 약탈하다	동	hijak, highjack [háidʒæ̀k]
52	세	세이지, 현인, 철인 ; 슬기로운, 현명한, 사려 깊은	명	sage [seidʒ]

3 애국가 3절

1	가	가-드, 경계, 망을 봄, 감시, 조심, 보호	명	guard [ga:rd]
2	을	얼 더 웨이, 도중에, 내내, 줄곧		all the way
3	하	하브스트, 수확, 추수, 수확기	명	harvest [há:rvist]
4	늘	늘이다, 넓히다, 확대하다, 확장하다, 팽창시키다	동	expand [ikspǽnd]
5	공	공감, 동감, 헤아림, 동정, 호의	명	sympathy [símpəθi]
6	활	활동, 행동, 행실, 작용, 기능, 영향, 조치, 방책(steps)	명	action [ǽkʃən]
7	한	한탄하다, 슬퍼하다, 비탄하다, 애도하다	동	lament [ləmént]
8	데	데뜨, 죽음, 사망, 소멸	명	death [deθ]
9	높	높게 하다, 높이다, 강화하다, 증대시키다	동	heighten [háitn]
10	고	고귀한, 귀족의, 고상한, 숭고한	형	noble [nóub-əl]
11	구	구들리, 훌륭한, 고급의, 멋진, 미모의, 잘생긴	형	goodly [gúdli]

12	름	엄파이어, 심판자, 중재자, 심판원, 부심	명	umpire [ʌ́mpaiər]
13	없	없(업)테인, 얻다, 손에 넣다, 획득하다, 달성하다	동	obtain [əbtéin]
14	이	이그잭틀리, 정확하게, 엄밀히, 정밀하게, 정확히 말해서	부	exactly [igzǽktli]
15	밝	발류움, 책, 서적, 용적, 부피, 음량	명	volume [vάljuːm / vɔ́l-]
16	은	언퍼블리시트, 공개되어 있지 않은, 숨은, 출판되지 않은, 미출판의	형	unpublished [ʌnpʌ́bliʃt]
17	달	달다, 무게를 달다, 재다, 숙고하다, 깊이 생각하다	동	weigh [wei]
18	은	언바이어스트, 선입관이 없는, 편견이 없는, 공평한	형	unbiassed [ʌnbáiəst]
19	우	우유부단한, 망설이는, 결단력이 없는,	형	irresolute [irézəlùːt]
20	리	리마인드, 생각나게 하다, 상기시키다, 깨닫게 하다	동	remind [rimáind]
21	가	가븐먼트, 정부, 내각, 통치, 행정	명	government [gʌ́vərnmənt]
22	슴	섬, 합계, 총계, 총액 ; 계산하다, 합계하다, 요약하다	명	sum [sʌm]
23	일	일렉트리스티, 전기, 전류	명	electricity [ilèktrísəti]

24	편	편안한, 기분 좋은, 편한, 위안의	형	comfortable [kʌ́mfərtəbəl]
25	단	단단한, 굳은, 튼튼한, 견고한	형	firm [fəːrm]
26	심	심벌, 상징, 표상, 심벌, 기호	명	symbol [símbbəl]
27	일	일리걸, 불법의, 비합법적인, 위법의	형	illegal [illíːgəl]
28	세	세머테리, 묘지, 공동묘지	명	cemetery [sémətèri]
29	무	무드, 기분, 마음, 심기	명	mood [muːd]
30	궁	궁금증, 호기심, 캐기 좋아하는 마음, 신중함	명	curiosity [kjùəriásəti]
31	화	화, 노염, 성	명	anger [ǽŋgər]
32	삼	삼가는, 조심하는, 주의 깊은, 신중한	형	cautious [kɔ́ːʃəs]
33	천	천거[추천]하다, 권고하다, 충고하다	동	recommend [rèkəménd]
34	리	리프트, 올리다, 들어 올리다	동	lift [lift]
35	화	(얼굴이) 화끈 달아오르다, 붉어지다, 상기되다	동	flush [flʌʃ]

36	려	여린, 허약한, 망가지기 쉬운, 무른, 깨지기 쉬운	형	**fragile** [frǽdʒəl / -dʒail]
37	강	강하게 하다, 강화하다, 튼튼하게 하다, 힘을 돋우다	동	**strengthen** [stréŋkθ-ən]
38	산	산만하게 하다, 혼란케 하다, 흩뜨리다, (딴 데로) 돌리다	동	**distract** [distrǽkt]
39	대	대시, 돌진하다, 충돌하다, 내던지다, 부딪치다	동	**dash** [dæʃ]
40	한	한결같은, 불변하는, 시종일관된, 일치[조화 · 양립] 하는	형	**consistent** [kənsístənt]
41	사	사이드 바이 사이드, 나란히, 병행하여		**side by side**
42	람	암, 무장시키다 ; 무기, 병기, 고사	동	**arm** [ɑːrm]
43	대	대립, 충돌, 갈등, 마찰, 불일치, 알력	명	**conflict** [kánflikt]
44	한	한탄하다, 개탄하다, 뉘우치다, 애도하다	동	**deplore** [diplɔ́ːr]
45	으	어드밴스트, 앞으로 나아간, 진보한, 앞선, 진보적인, 선구의	형	**advanced** [ədvǽnst]
46	로	로테이트, 회전하다, 교대하다, 순환하다	동	**rotate** [róuteit]
47	길	길트, 죄, 유죄, 범죄행위	명	**guilt** [gilt]

48	이	**이큅먼트**, 장비, 설비, 비품, 준비	명	**equipment** [ikwípmənt]
49	보	**보우스트**, 자랑하다, 떠벌리다, 큰소리치다	동	**boast** [boust]
50	전	**전념하다**, 몰두하다, ~에 빠지다, 몰입하다		**be absorbed in ~**
51	하	**하이잭**, (비행기를) 공중납치하다, 강제하다, 약탈하다	동	**hijak, highjack** [háidʒæ̀k]
52	세	**세이지**, 현인, 철인 ; 슬기로운, 현명한, 사려 깊은	명	**sage** [seidʒ]

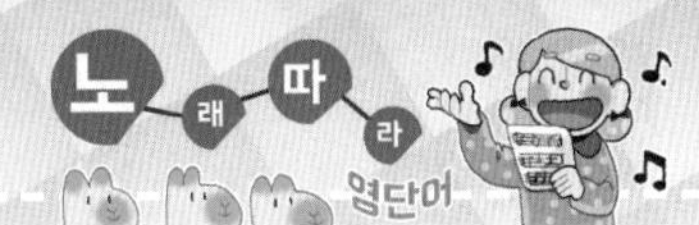

4 애국가 4절

1	이	이니시에이트, 시작하다, 개시하다, 창설하다, 입문시키다	동	**initiate** [iníʃièit]
2	기	기프티드, 타고난, 재능이 있는	형	**gifted** [inʌ́fid]
3	상	상인, 무역상인, 소매상인, 도매상인	명	**merchant** [mə́ːrtʃənt]
4	과	과격한, 격렬한, 맹렬한, 폭력적인, 극단적인	형	**violent** [váiələnt]
5	이	이미트, 이밋, (소리 · 빛 · 열 따위) 를 내다, 발하다, 방출하다,	동	**emit** [imít]
6	맘	맘대로의, 임의의, 닥치는 대로의, 되는대로의, 무작위의, 일정치 않은	형	**random** [rǽndəm]
7	으	어드미션, 입장허가, 입학, 용인, 승인, 시인, 자백	명	**admission** [ədmíʃən, æd-]
8	로	로오, 으르렁거리다, 포효하다, 고함치다, 소리지르다	동	**roar** [rɔːr]
9	충	충돌하다, 추락하다 ; 충돌, 추락, 불시착	동	**crash** [kræʃ]
10	성	성공한, 잘 된, 번창하는, 좋은 결과의	형	**successful** [səksésfəl]
11	을	얼레지, 단언하다, 주장하다, 진술하다	동	**allege** [əlédʒ]

12	다	다운타운, 도심지, 중심가, 상가	명	downtown [dauńtáun]
13	하	하우에버, 그러나, 아무리 ~라 할지라도	부	however [hauévər]
14	여	여권, 허가증, 수단	명	passport [pǽspɔ̀:rt]
15	괴	괴상한, 이상한, 기묘한, 야릇한, 색다른	형	queer [kwiər]
16	로	로우, 열, 줄, 횡렬	명	row [rou]
17	우	우디, 수목이 많은, 나무의, 나무와 비슷한	형	woody [wúdi]
18	나	나미늘, 이름의, 이름뿐인, 유명무실한, 보잘 것 없는	형	nominal [námənl / nɔ́m-]
19	즐	즐거움, 기쁨	명	delight [diláit]
20	거	거라지, 차고, 주차장	명	garage [gərá:ʒ]
21	우	우-, 구애하다, 구혼하다, 조르다	동	woo [wu:]
22	나	나, 노, 갉다, 물다, 물어 끊다	동	gnaw [nɔ:]
23	나	나우 앤 덴, 이따금, 때대로		now and then

24	라	라브 A 어브 B, A에게서 B를 빼앗다, 강탈하다		rob A of B
25	사	사운드, 건전한, 정상적인, 상하지 않은, 확실한, 안전한	형	sound [saund]
26	랑	앙상한, 바짝 여윈, 뼈 가죽만 남은	형	skinny [skíni]
27	하	하비, 취미, 도락, 장기	명	hobby [hábi]
28	세	세도우, 그림자, 투영(投影), 어둠, 그늘	명	shadow [ʃǽdou]
29	무	무례한, 건방진, 뻔뻔스러운, 버릇없는, 적절하지 않은	형	impertinent [impə́ːrtənənt]
30	궁	궁금증, 호기심, 캐기 좋아하는 마음, 신준한	명	curiosity [kjùəriɑ́səti]
31	화	화, 노염, 성	명	anger [ǽŋgər]
32	삼	삼가는, 조심하는, 주의 깊은, 신중한	형	cautious [kɔ́ːʃəs]
33	천	천거[추천]하다, 권고하다, 충고하다	동	recommend [rèkəménd]
34	리	리프트, 올리다, 들어 올리다	동	lift [lift]
35	화	(얼굴이) 화끈 달아오르다, 붉어지다, 상기되다	동	flush [flʌʃ]

36	려	여린, 허약한, 망가지기 쉬운, 무른, 깨지기 쉬운	형	fragile [frǽdʒəl / -dʒail]
37	강	강하게 하다, 강화하다, 튼튼하게 하다, 힘을 돋우다	동	strengthen [stréŋkθ-ən]
38	산	산만하게 하다, 혼란케 하다, 흩뜨리다, (딴 데로) 돌리다	동	distract [distrǽkt]
39	대	대시, 돌진하다, 충돌하다, 내던지다, 부딪치다	동	dash [dæʃ]
40	한	한결같은, 불변하는, 시종일관된 일치[조화 · 양립]하는	형	consistent [kənsístənt]
41	사	사이드 바이 사이드, 나란히, 병행하여		side by side
42	람	암, 무장시키다 ; 무기, 병기, 군사	동	arm [ɑːrm]
43	대	대립, 충돌, 갈등, 마찰, 불일치, 알력	명	conflict [kánflikt]
44	한	한탄하다, 개탄하다, 뉘우치다, 애도하다	동	deplore [diplɔ́ːr]
45	으	어드밴스트, 앞으로 나아간, 진보한, 앞선, 진보적인, 선구의	형	advanced [ədvǽnst]
46	로	로테이트, 회전하다, 교대하다, 순환하다	동	rotate [róuteit]
47	길	길트, 죄, 유죄, 범죄행위	명	guilt [gilt]

48	이	이퀍먼트, 장비, 설비, 비품, 준비	명	equipment [ikwípmənt]
49	보	보우스트, 자랑하다, 떠벌리다, 큰소리치다	동	boast [boust]
50	전	전념하다, 몰두하다, ~에 빠지다, 몰입하다		be absorbed in ~
51	하	하이잭, (비행기를) 공중납치하다, 강제하다, 약탈하다	동	hijak, highjack [háidʒæ̀k]
52	세	세이지, 현인, 철인 ; 슬기로운, 현명한, 사려 깊은	명	sage [seidʒ]

5 한국을 빛낸 100인 1절

1	아	아나운서, 어나운서, 방송원, 고지자, 발표자	명	**announcer** [ənáunsər]
2	름	음력의, 달의, 태음의	형	**lunar** [lú:nər]
3	다	다큐먼트, 문서, 서류, 기록	명	**document** [dάkjəmənt]
4	운	운드, 부상, 상처	명	**wound** [wu:nd]
5	이	이퀴블런트, 동등한, 같은, 대등한, 상당하는	형	**equivalent** [ikwívələnt]
6	땅	땅을 갈다, 경작하다, 재배하다, 장려하다, 촉진하다	동	**cultivate** [kʌ́ltəvèit]
7	에	에코, 메아리, 반향, 반사파	명	**echo** [ékou]
8	금	금형, 형(型), 주형(鑄型)(matrix), 거푸집 ; 주조하다, 형상 짓다	명	**mold** [mould]
9	수	수우사이드, 자살, 자살행위, 자멸	명	**suicide** [sú:əsàid]
10	강	강요하다, 강제하다, 억지로 시키다, 할 수 없이 하게 하다	동	**compel** [kəmpél]
11	산	산맥, 열, 줄, 범위, 한계	명	**range** [reindʒ]

12	에	에임, 겨냥을 하다, 겨누다, 목표삼다, 마음먹다	동	**aim** [eim]
13	단	단계적으로, 점진적으로, 차근차근		**step by step**
14	군	군의, 군대의, 군사의, 군용의	형	**military** [mílitèri]
15	할	할당하다, 배당하다, (임무를) 부여하다, 주다	동	**assign** [əsáin]
16	아	아웃로오, 무법자, 상습범, 사회에서 버림받은 자, 법익 피박탈자	명	**outlaw** [áutlɔ̀:]
17	버	버서틀, 버스타일, 재주가 많은, 다예한, 다능의	형	**versatile** [və́:*r*sətl / -tàil]
18	지	지갑, 돈주머니, 금전	명	**purse** [pə:*r*s]
19	가	가먼트, 의복, 옷	명	**garment** [gɑ́:*r*mənt]
20	터	터미널, 종착역의, 말단의, 종말의 ; 종점, 끝, 말단	형	**terminal** [tə́:*r*mən-əl]
21	잡	잡아떼다, 부인하다, 부정하다, 취소하다, 믿지 않다	동	**deny** [dinái]
22	으	어큐즈, 고발하다, 고소하다, 비난하다	동	**accuse** [əkjú:z]
23	시	시스터린로–, 형수, 계수, 동서, 올케, 처형	명	**sister-in-law** [sístərinlɔ̀:]

24	고	고갈되다, 다써버리다, 소모되다, 배수하다, 배출하다	동	drain [drein]
25	홍	홍조를 띠다, 얼굴을 붉히다, 빨개지다, 부끄러워하다	동	blush [blʌʃ]
26	익	익셀, (남을) 능가하다, (보다) 낫다, (보다) 탁월하다	동	excel [iksél]
27	인	인스턴스, 즉시의, 즉각의, 당장의, 즉석의	형	instant [ínstənt]
28	간	간격, 거리, 사이, 틈, 막간, 휴지기	명	interval [íntərvəl]
29	뜻	뜻, 의미, 의의, 목적	명	meaning [mí:niŋ]
30	으	어필, 호소하다, 간청하다, 상소하다	동	appeal [əpí:l]
31	로	로얄, 왕의, 왕족의, 황족의	형	royal [rɔ́iəl]
32	나	나크, 노크, 녹, 치다, 두드리다,	동	knock [nɑk / nɔk]
33	라	라이블리, 경쟁, 대항, 맞겨룸	명	rivalry [ráiv-əlri]
34	세	세잉, 속담, 격언, 전해오는 말	명	saying [séiiŋ]
35	우	우수한, 우량의, 보다 높은, 뛰어난, 양질의	형	superior [səpíəriər]

36	니	니들리스 투 세이, 말할 필요도 없이, 물론		needless to say
37	대	대단찮은, 하찮은, 사소한, 대수롭지 않은	형	slight [slait]
38	대	대단찮은, 하찮은, 사소한, 대수롭지 않은	형	slight [slait]
39	손	손상시키다, 해치다, 상처를 입히다, 다치게 하다	동	injure [índʒər]
40	손	손상시키다, 해치다, 상처를 입히다, 다치게 하다	동	injure [índʒər]
41	훌	훌륭한, 명예 있는, 명예로운, 존경할만한	형	honorable [ánərəbəl]
42	륭	융성하다, 번성하다, 성공하다, 잘 자라다	동	prosper [práspər]
43	한	한낱, 단순히, 단지, 그저, 다만, 전혀 ; merely because ~ 단지 ~ 때문에	부	merely [míərli]
44	인	인크리스, 늘리다, 증대하다	동	increase [inkríːs]
45	물	물거품, 기포	명	bubble [bʌ́bəl]
46	도	도구, 기구, 가정용품, 부엌세간	명	utensil [juːténsəl]
47	많	많은, 다수의, 수많은, 많은	형	numerous [njúːm-ərəs]

48	아	아웃브레익, 발발, 돌발, 창궐, 폭동, 반란, 도발	명	outbreak [áutbrèik]
49	고	고대의, 옛날의, 고래의	형	ancient [éinʃənt]
50	구	구걸하다, 빌다, 구하다, 애걸하다	동	beg [beg]
51	려	여객, 승객, 통행인	명	passenger [pǽsəndʒər]
52	세	세켤러, 세속의, 세속적인, 비종교적인, 현세의	형	secular [sékjələ:r]
53	운	운, 우연, 운명, 행운	명	fortune [fɔ́:rtʃ-ən]
54	동	(아주) 동일한, 같은, 일치하는, 일란성의	형	identical [aidéntikəl]
55	명	명성 있는, 명망 있는, 유명한	형	renowned [rináund]
56	왕	왕국, 왕토, 왕령, 영역	명	kingdom [kíŋdəm]
57	백	백그라운드, 배경, 경력, 경험, 이면	명	background [bǽkgràund]
58	제	제스처, 몸짓, 손짓, 동작, 표정	명	gesture [dʒéstʃər]
59	온	온 디 아더 핸드, 반면에, 또 다른 한편으로		on the other hand

60	조	**조난,** 난파, 파괴, 파멸, 난파선 ; 조난시키다, 난파시키다	명	**wreck** [rek]
61	왕	**왕좌,** 옥좌, 왕위, 왕권, 왕의 자리	명	**throne** [θroun]
62	알	**알터,** 바꾸다, 변경하다, 고치다	동	**alter** [ɔ́:ltər]
63	에	**에이즌트,** 대리인, 대행자, 대리점	명	**agent** [éidʒənt]
64	서	**서프라이즈,** 놀라게 하다 ; 놀라움	동	**surprise** [sərpráiz]
65	나	**나미네이트,** (후보자로) 지명하다, 추천하다, 임명하다, 지정하다	동	**nominate** [námənèit]
66	어	**어프로우프리어트,** 적합한, 적절한, 적당한	형	**appropriate** [əpróupriət]
67	혁	**혁신하다,** 개혁하다, 개량하다	동	**reform** [ri:fɔ́:rm]
68	거	**거너,** 포수, 사수	명	**gunner** [gʌ́nər]
69	세	**세인트,** 성인, 신도, 성도	명	**saint** [seint]
70	만	**만스터,** 괴물, 요괴, 거대한 사람	명	**monster** [mánstər / mɔ́n-]
71	주	**주-시,** 즙이 많은, 수분이 많은	형	**juicy** [dʒú:si]

72	벌	벌거벗은, 나체의, 적나라한, 꾸밈없는	형	naked [néikid]
73	판	판더, 숙고하다, 깊이 생각하다	동	ponder [pándər]
74	달	달래다, 진정시키다, 가라앉히다, 완화시키다	동	appease [əpíːz]
75	려	여걸, 여장부, 여주인공	명	heroine [hérouin]
76	라	아웃레이지, 침범, 위반, 불법행위, 난폭, 폭행	명	outrage [áutrèidʒ]
77	광	광고하다, 선전하다	동	advertise [ǽdvərtàiz]
78	개	개런티, 보증, 담보, 담보물, 보증인, 인수인	명	guarantee [gæ̀rəntíː]
79	토	토런트, 급류, 여울, 억수	명	torrent [tɔ́ːr-ənt]
80	대	대미지, 손해, 손상	명	damage [dǽmidʒ]
81	왕	왕성하게 번창하다, 번영하다, 무성하다	동	thrive [θraiv]
82	신	신, 죄, 죄악	명	sin [sin]
83	라	라이크와이즈, 똑같이, 마찬가지로, 또한, 게다가, 또	부	likewise [láikwàiz]

84	장	장관의, 웅대한, 광대한, 당당한	형	grand [grænd]
85	군	군중, 대중, 민중, 하층민	명	mob [mɑb]
86	이	이펙티브, 유효한, 효력 있는	형	effective [iféktiv]
87	사	사우어, 시큼한, 시어진	형	sour [sáuəːr]
88	부	부스, 노점, 매점, 공중전화박스	명	booth [buːθ]
89	백	백 투 쁘런트, 앞뒤를 반대로, 거꾸로		back to front
90	결	결석, 부재, 결근, 방심	명	absence [ǽbsəns]
91	선	선빔, 일광, 광선, 햇살	명	sunbeam [sʌ́nbìːm]
92	생	생션, 재가, 인가, 허용, 찬성	명	sanction [sǽŋkʃən]
93	떡	떡밥, 미끼, 먹이, 유혹	명	bait [beit]
94	방	방법, 방식, 순서	명	method [méθəd]
95	아	아티스틱, 예술의, 미술의, 예술적인, 멋이 있는	형	artistic [ɑːrtístik]

96	삼	삼가다, 억누르다, 저지하다	동	repress [riprés]
97	천	천국, 하늘, 낙원, 극락	명	heaven [hévən]
98	궁	궁극적인, 극도의, 최대의, 맨 끝의	형	extreme [ikstríːm]
99	녀	여느 때처럼, 여느 때와 같이, 평소대로		as usual
100	의	의견, 견해, 소신	명	opinion [əpínjən]
101	자	자스티스, 정의, 공정, 공평	명	justice [dʒʌ́stis]
102	왕	왕성한, 번영하는, 번창하는, 잘 되어 가는, 순조로운	형	prosperous [práspərəs]
103	황	황무지, 불모의 땅, 불모지, 황폐한 지역	명	wasteland [wéistlæ̀nd]
104	산	산성의, 신맛의, 언짢은, 신랄한	형	acid [ǽsid]
105	벌	벌브, 전구, 구, 진공관, 뿌리, 구근	명	bulb [bʌlb]
106	의	의도적인, 고의의, 일부러의, 계획적인	형	intentional [inténʃənəl]
107	계	계략, 계획, 음모, 줄거리, 각색, 구상 ; 음모를 꾸미다	명	plot [plɑt]

108	백	백만장자, 대부호	명	millionaire [mìljənέər]
109	맞	맞바꾸다, 교환하다, 바꾸다	동	exchange [ikstʃéindʒ]
110	서	서피스, 표면, 외면, 외부	명	surface [sə́:rfis]
111	싸	싸움, 전투 결투, 논쟁	명	combat [kάmbæt]
112	운	운디드, 상처 입은, 부상당한 ; (감정 등을) 상한	형	wounded [wú:ndid]
113	관	관객, 청중, 청취자, 시청자, 애호자, 애호가	명	audience [ɔ́:diəns]
114	창	창립하다, 설립하다, 창시하다, 세우다, ~에 기초를 두다	동	found [faund]
115	역	역설, 패러독서, 자기모순, 앞뒤가 맞지않는 일	명	paradox [pǽrədὰks]
116	사	사귀다, ~와 친해지다		make friends with
117	는	언페어, 공정치 못한, 부정한	형	unfair [ʌnfέər]
118	흐	흐느껴 울다, 흐느끼다	동	sob [sɑb]
119	른	언오이언스, 어노이언스, 성가심, 불쾌함, 괴로움	명	annoyance [ənɔ́iəns]
120	다	다이렉터, 지도자, 장, 관리자	명	director [dairéktər, - di]

6 한국을 빛낸 100인 2절

1	말	말쑥한, 단정한, 말끔히 정돈된	형	tidy [táidi]
2	목	목, 막, 조롱하다, 놀리다, 흉내내다, 모방하다	동	mock [mɑk]
3	자	자스틀리, 바르게, 공정하게	부	justly [dʒʌ́stli]
4	른	언애터미, 어네터미, 해부학, 해부술, 해부	명	anatomy [ənǽtəmi]
5	김	김, 증기, 수증기	명	steam [sti:m]
6	유	유니트, 단위, 구성, 단일체, 한 개	명	unit [jú:nit]
7	신	신어리, 시너리, 풍경, 경치, 무대장면, 배경	명	scenery [sí:nəri]
8	통	통과, 통행, 경과, 추이	명	passage [pǽsidʒ]
9	일	일루전, 환영, 환각, 착각, 망상	명	illusion [ilú:ʒən]
10	문	문방구, 문구, 편지지	명	stationery [stéiʃ-ənèri]
11	무	무관심한, 마음에 두지 않는, 냉담한, 대수롭지 않은	형	indifferent [indífərənt]

12	왕	왕조, 명가, 명문	명	**dynasty** [dáinəsti]
13	원	원더, 불가사의, 경이, 놀라움, 경탄	명	**wonder** [wʌ́ndəːr]
14	효	효과, 결과, 영향, 효력	명	**effect** [ifékt]
15	대	대미드, 댐드, 저주받은, 지옥에 떨어진	형	**damned** [dæmnid]
16	사	사건, 생긴 일 ; (부수적으로) 일어나기 쉬운, 흔히 있는	명	**incident** [ínsədənt]
17	해	해비트, 습관, 버릇	명	**habit** [hǽbit]
18	골	골격, 해골, 뼈만 앙상한 사람, 골자, 윤곽, 개략	명	**skeleton** [skélətn]
19	물	물건, 물체, 사물	명	**object** [ɑ́bdʒikt]
20	혜	혜성, 살별	명	**comet** [kɑ́mit]
21	초	초우즌, 선발된, 정선된, 선택된	형	**chosen** [tʃóuzn]
22	천	천둥, 우레, 벼락, 진동	명	**thunder** [θʌ́ndəːr]
23	축	축하하다, 축사를 하다	동	**congratulate** [kəngrǽtʃəlèit]

24	국	국회, 의회, 회합	명	congress [káŋgris]
25	바	바우, 절, 경례	명	bow [bau]
26	다	다이얼로그, 문답, 대화, 회화, 회담	명	dialogue [dáiəlɔ̀:g]
27	의	의논하다, 토론하다, 논의하다, 검토하다	동	discuss [diskʌ́s]
28	왕	왕복운행, 우주 왕복선	명	shuttle [ʃʌ́tl]
29	자	자백하다, 고백하다, 인정하다, 실토하다, 털어놓다	동	confess [kənfés]
30	장	장대, 막대기, 기둥, 지주, 버팀목	명	pole [poul]
31	보	보컬, 목소리의, 음성의, 울리는	형	vocal [vóukəl]
32	고	고우 위다웃, ~없이 지내다, ~이 없다		go without
33	발	발런티어, 지원자, 유지, 독지가, 지원병	명	volunteer [vɑ̀ləntíər / vɔ̀l-]
34	해	해프웨이, 도중의, 중간의, 도중에	형	halfway [hǽfwéi]
35	대	대즐, 눈부시게 하다, 현혹시키다, 감탄시키다, 압도하다	동	dazzle [dǽzəl]

36	조	조각, 파편, 단편, 나머지, 부스러기	명	**fragment** [frǽgmənt]
37	영	영적인, 심령의 성령의, 정신적인, 정신의	형	**spiritual** [spíritʃu-əl]
38	귀	귀결, 결말, 결론, 종결	명	**conclusion** [kənklú:ʒən]
39	주	주된, 주요한, 큰 쪽의, 대부분의	형	**major** [méidʒə:r]
40	대	대즐링, 눈부신, 현혹적인	형	**dazzling** [dǽzliŋ]
41	첩	첩경, 지름길, 최단로	명	**shortcut** [ʃɔ:ŕtkʌ̀t]
42	강	강요하다, 강행하다, 억지로 시키다, 실시하다, 실행하다	동	**enforce** [enfɔ́:rs]
43	감	감금하다, 가둬놓다, 제한하다	동	**confine** [kənfáin]
44	찬	찬트, 챈트, 노래, 멜로디, (성가를) 부르다, 영창하다	명	**chant** [tʃɑ:nt, tʃænt]
45	서	서치, 찾다, 뒤지다, 탐색하다	동	**search** [sə:rtʃ]
46	희	희(히)스테릭컬, 히스테리성의, 병적으로 흥분한, 아주 우스꽝스러운	형	**hysterical** [histérikəl]
47	거	거스트, 돌풍, 일진의 바람	명	**gust** [gʌst]

48	란	난맥, 혼돈, 무질서, 대혼란	명	chaos [kéiɑs]
49	족	족한, 만족하는, 불평 없는, 감수하는	형	content [kəntént]
50	무	무시하다, 경시하다, 문제시하지 않다	동	disregard [dìsrigɑ́:rd]
51	단	단락, 절, 항, 단편 기사	명	paragraph [pǽrəgræ̀f, -grɑ̀:f]
52	정	정크, 쓰레기, 잡동사니	명	junk [dʒʌŋk]
53	치	치트, 기만하다, 속이다, 사취하다	동	cheat [tʃi:t]
54	정	정밀한, 정확한, 엄밀한, 적확한, 딱 들어맞는	형	precise [prisáis]
55	중	중력, 중량, 지구인력, 무게 ; 중대함, 진지함	명	gravity [grǽvəti]
56	부	부티, 노획물, 전리품, 약탈품	명	booty [bú:ti]
57	화	화려한, 찬란하게 빛나는, 훌륭한, 번쩍번쩍 빛나는	형	brilliant [bríljənt]
58	포	포우스티지, 우편요금	명	postage [póustidʒ]
59	최	최고의, 최상의, 가장 중요한, 극상의	형	supreme [səprí:m]

60	무	무빙, 감동시키는, 감동적인, 심금을 울리는,	ⓗ형	**moving** [múːviŋ]
61	선	선샤인, 햇빛, 일광, 양지	명	**sunshine** [sʌ́nʃàin]
62	죽	죽이다, 살해하다, 학살하다	동	**slay** [slei]
63	림	림, 수족, 손발, 사지의 하나	명	**limb** [lim]
64	칠	칠, 냉기, 한기, 오한, 냉담	명	**chill** [tʃil]
65	현	현금, 현찰, 돈, 맞돈	명	**cash** [kæʃ]
66	김	김, 해태	명	**laver** [léivəːr]
67	부	부머랭, 부메랑, 자업자득이 되는 것, 굵어 부스럼 ; 되돌아오다	명	**boomerang** [búːməræ̀ŋ]
68	식	식큐어, 시큐어, 안전한, 위험이 없는, 안정된, 확실한, 보증된	형	**secure** [sikjúəːr]
69	지	지네틱, 유전의, 발생의, 유전학적인	형	**genetic** [dʒinétik]
70	눌	눌러서 찌그러뜨리다, 압도하다, ~의 기를 꺾다	동	**overwhelm** [òuvərhwélm]
71	국	국지적으로, 지엽적으로, 지역적으로, 지방에 따라	부	**regionally** [ríːdʒn-əli]

72	사	사버린, 주권자, 원수, 군주, 국왕	명	sovereign [sάv-ərin, sʌ́v-]
73	조	조건을 갖춘, 적임의, 자격이 있는, 검증을 거친	형	qualified [kwάləfàid]
74	계	계급, 신분, 열, 행렬	명	rank [ræŋk]
75	종	종, 노예, 노예같이 일하는 사람 ; 노예처럼 일하다	명	slave [sleiv]
76	의	의향, 의지, 목적, 의도	명	intention [inténʃən]
77	천	천국, 낙원, 극락	명	paradise [pǽrədàis]
78	천	천사, 수호신, 천사 같은 사람	명	angel [éindʒəl]
79	태	태프, 탭, 가볍게 두드리다, 똑똑 두드리다	동	tap [tæp]
80	종	종교, 신앙, 신앙심, 신조	명	religion [rilídʒ-ən]
81	대	대학교, 종합대학	명	university [jù:nəvə́:rsəti]
82	마	마일드, 온순한, 온화한, 따뜻한, 부드러운, 순한	형	mild [maild]
83	도	도덕의, 도덕상의, 윤리의, 교훈적인 ; 도덕, 윤리, 교훈	형	moral [mɔ́(:)r-əl]

84	정	정식의, 형식의, 외형의	형	formal [fɔ́:rm-əl]
85	벌	벌느러블, 상처를 입기 쉬운, 약점이 있는, 약한, 공격받기 쉬운	형	vulnerable [vʌ́lnərəbəl]
86	이	이그젝트, 정확한, 정밀한	형	exact [igzǽkt]
87	종	종단의, 수직의, 세로의	형	vertical [və́:rtikəl]
88	무	무서움, 공포, 경악	명	fright [frait]
89	일	일레버레이트, 공들인, 정교한, 공들여 만든	형	elaborate [ilǽbərèit]
90	편	편견, 선입관, 치우친 생각	명	prejudice [prédʒudis]
91	단	단백질	명	protein [próuti:in]
92	심	심열네이트, 시뮬레이트, 모의실험하다, 가장하다, 흉내 내다	동	simulate [símjəlèit]
93	정	정리하다, 배열하다, 조정하다	동	arrange [əréindʒ]
94	몽	몽땅, 아주, 완전히, 오로지, 전적으로	부	entirely [entáiərli]
95	주	주리, 배심, 심사원	명	jury [dʒúəri]

96	목	목적, 의도, 용도, 의지	명	purpose [pə́ːrpəs]
97	화	화랑, 미술관, 갤러리	명	gallery [gǽləri]
98	씨	씨임, (천 따위의) 솔기, 이음매, 접합선, 맞춘 곳	명	seam [siːm]
99	는	언급, 참고, 참조, 문의, 조회, 참고문헌, 인용문	명	reference [réf-ərəns]
100	문	문학, 문예, 문헌	명	literature [lítərətʃər]
101	익	익스펜시브, 돈이 드는, 값비싼, 사치스러운	형	expensive [ikspénsiv]
102	점	점검하다, 조사하다, 검사하다, 감사하다, 검열하다	동	inspect [inspékt]
103	해	해브 던 위드, ~을 끝내다 (finish)		have done with
104	동	동료, 동등한 사람, 한 패 ; 자세히 보다, 응시하다	명	peer [piər]
105	공	공허한, 빈, 비어 있는, 한가한	형	vacant [véikənt]
106	자	자금, 자본, 기금, 재원	명	fund [fʌnd]
107	최	최근의, 근래의, 새로운	형	recent [ríːs-ənt]

108	충	충격, 진동, 쇼크, 타격	명	shock [ʃɑk]
109	삼	삼중주, 삼중창, 트리오	명	trio [tríːou]
110	국	국회, 의회, 회의, 회합	명	parliament [pɑ́ːrləmənt]
111	유	유시지, 용법, 사용법, 사용량	명	usage [júːsidʒ]
112	사	사이칼러지, 심리학, 심리	명	psychology [saikɑ́lədʒi]
113	일	일렉트, 선거하다, 뽑다, 선임하다	동	elect [ilékt]
114	연	연기하다, 미루다, 늦추다	동	postpone [poustpóun]
115	역	역의, 반대의, 반대 방향의, 적합지 않은	형	contrary [kɑ́ntreri]
116	사	사고, 재난, 재해, 상해, 우연	명	accident [ǽksidənt]
117	는	언노티스트, 주목되지 않은, 무시된	형	unnoticed [ʌnnóutist]
118	흐	허드, 짐승의 떼, 군중, 대중, 대량, 다수	명	herd [həːrd]
119	른	언어테이너블, 도달하기(얻기) 어려운	형	unattainable [ʌ̀nətéinəbəl]
120	다	다이, 물감, 염료, 색깔 ; 물들이다, 염색하다	명	dye [dai]

7 한국을 빛낸 100인 3절

1	황	황폐한, 황량한, 쓸쓸한, 외로운	형	desolate [désəlit]
2	금	금하다, 허락하지 않다, 금지하다	동	forbid [fəːrbíd]
3	을	얼루어, 꾀다, 유혹하다, 부추기다	동	allure [əlúər]
4	보	보이콧, 보이캇, 불매동맹, 배척 ; 보이콧하다, 불매동맹을 하다, 배척하다	명	boycott [bɔ́ikɑt]
5	기	기브 오버, 넘겨주다, 양도하다, 맡기다		give over
6	를	얼터, 제단, 성찬대	명	altar [ɔ́ːltər]
7	돌	돌리, 인형, 각시, 매력적인 처녀	명	dolly [dáli / dɔ́li]
8	같	같게, 유사하게, 비슷하게	부	similarly [símələːrli]
9	이	이지고잉, 태평한, 게으른 안이한	형	easygoing [íːzigóuiŋ]
10	하	하일리, 높이, 고도로	부	highly [háili]
11	라	라이딩, 승마, 승차	명	riding [ráidiŋ]

12	최	최소, 최소한도	명	minimum [mínəməm]
13	영	영광, 명예, 영예, 칭찬	명	glory [glɔ́:ri]
14	장	장사의, 상업의, 영리적인, 돈벌이 위주의	형	commercial [kəmə́:rʃəl]
15	군	군인, 병사, 용사	명	soldier [sóuldʒə:r]
16	의	의도적으로, 일부러, 고의로, 목적을 가지고		on purpose
17	말	말소하다, 지우다, 삭제하다, 무효로하다, 취소하다	동	cancel [kǽnsəl]
18	씀	씀씀이, 지출, 비용, 지출금	명	expense [ikspéns]
19	받	(A를 B로) 받아들이다, 잘못 받아들이다, 오인하다		take A for B
20	들	들볶다, 괴롭히다, 고문하다 ; 고통, 고뇌, 고문	동	torment [tɔ́:rment]
21	자	자랑, 자만심, 자존심	명	pride [praid]
22	황	황야, 황무지, 사막, 미개지	명	wilderness [wíldə:rnis]
23	희	희(히)드, 주의[조심]하다 ; 주의, 유의, 조심	동	heed [hi:d]

24	정	정당화하다, 옳다고 하다	동	justify [dʒʌ́stəfài]
25	승	승리, 전승, 승전	명	victory [víktəri]
26	맹	맹세, 맹약, 서약, 서원	명	vow [vau]
27	사	사브런티, 주권, 통치권	명	sovereignty [sάv-ərənti, sʌ́v-]
28	성	성컨, 가라앉은, 침몰된	형	sunken [sʌ́ŋkən]
29	과	과도한, 과대한, 과다한	형	excessive [iksésiv]
30	학	학살, 살인, 살육, 도살, 대량학살	명	slaughter [slɔ́:tə:r]
31	장	장관, 성직자, 대신, 각료	명	minister [mínistər]
32	영	영역, ,범위, 부문, 국토, 왕국	명	realm [relm]
33	실	실러블, 음절, 한마디, 일언반구	명	syllable [síləbbəl]
34	신	신풀, 죄 있는 죄 많은, 죄받을	형	sinful [sínfəl]
35	숙	숙련, 노련, 능숙함	명	skill [skil]

36	주	주우, 유태인, 히브리인	명	Jew [dʒuː]
37	와	와이들리, 널리, 먼 곳에, 크게, 대단히	부	widely [wáidli]
38	한	한발, 가뭄, 건조, 부족, 결핍	형	drought [draut]
39	명	명성, 명예, 평판	명	fame [feim]
40	회	회사, 떼, 일단, 교제, 동석한 사람	명	company [kʌ́mpəni]
41	역	역할을 하다		play a part
42	사	사이칼러지스트, 심리사, 심리학자	명	psychologist [saikálədʒist]
43	는	언브로컨, 파손되지 않은, 완전한	형	unbroken [ʌnbróukən]
44	안	안하무인의, 경솔한, 무분별한, 조심하지 않는	형	imprudent [ímpruːdnt]
45	다	다이제스트, 소화하다, 이해하다, 요약하다	동	digest [daidʒést]
46	십	십년간, 10, 열	명	decade [dékeid]
47	만	만티지, 몬티지, 몽타주, 합성화법, 혼성화	명	montage [mɑntɑ́ːʒ/ mɔn-]

48	양	양립하는, 모순되지 않는, 조화되는, 적절한	형	compatible [kəmpǽtəbəl]
49	병	병, 질병, 퇴폐, 불건전	명	disease [dizí:z]
50	이	이벤추얼, 종국의, 최후의, 결과로서 일어나는, 있을 수 있는	형	eventual [ivéntʃuəl]
51	율	율법, 계율, 명령	명	commandment [kəmǽndmənt]
52	곡	곡선, 만곡, 굽음	명	curve [kə:rv]
53	주	주이시, 유태인의, 유태교의	형	Jewish [dʒú:iʃ]
54	리	리디큘러스, 우스운, 어리석은	형	ridiculous [ridíkjələs]
55	이	이그재미네이션, 시험, 조사, 검사	명	examination [igzæ̀mənéiʃən]
56	퇴	퇴각, 퇴거, 은퇴	명	retreat [ri:trí:t]
57	계	계단, 계단부분	명	staircase [stέərkèis]
58	신	신경의, 신경과민의	형	nervous [nə́:rvəs]
59	사	사이, 한숨 쉬다, 탄식하다, 한탄하다, 슬퍼하다	동	sigh [sai]

No.		뜻	품사	영단어
60	임	임포우즈, 지우다, 부과하다, 떠맡기다	동	impose [impóuz]
61	당	당기다, 끌다, 끌어당기다	동	draw [drɔ:]
62	오	오비디언스, 복종, 순종, 순응	명	obedience [o*u*bí:diəns]
63	죽	죽이다, 살해하다, 살인하다	동	murder [mə́:*r*də:*r*]
64	헌	헌신하다, 바치다, 전념하다, 내맡기다,	동	devote [divóut]
65	잘	잘라내다, 베어내다, 자르다		cut off
66	싸	싸움, 빌나툼, 불화, 불핑	명	quarrel [kwɔ́:rəl]
67	운	운동, 선거운동, 유세, 사회운동, 찬성운동	명	campaign [kæmpéin]
68	다	다이그노시스, 진단, 원인분석	명	diagnosis [dàiəgnóusis]
69	과	과단성 있는, 단호한, 결의가 굳은	형	determined [ditə́:*r*mind]
70	재	재난, 불운, 불행, 불행한 일	명	misfortune [misfɔ́:*r*tʃən]
71	우	우둔한, 어리석은, 바보 같은	형	stupid [st*j*ú:pid]

72	조	조인트, 이음매, 접합부분, 접합	명	joint [dʒɔint]
73	헌	헌, 낡은, 초라한, 추한, 누더기를 걸친	형	shabby [ʃǽbi]
74	김	김, 증기, 수증기, 증발 기체 ; 공상, 망상, 허황된 생각	명	vapor [véipər]
75	시	시저늘, 계절의, 계절에 의한, 주기적인	형	seasonal [sí:zən-əl]
76	민	민즈, 수단, 방법, 재산 수입	명	means [mi:nz]
77	나	나아가다, 앞으로 나아가다, 진행되다, 속행되다, 계속하다	동	proceed [prousí:d]
78	라	라이더, 타는 사람, 기수	명	rider [ráidə:r]
79	구	구급, 응급, 비상사태, 위급	명	emergency [imə́:rdʒənsi]
80	한	~ 한 가운데		in the middle of ~
81	이	이그노, 무시하다, 묵살하다	동	ignore [ignɔ́:r]
82	순	순결한, 정숙한, 고상한, 순정한	형	chaste [tʃeist]
83	신	신씨어, 성실한, 진실한, 충심으로의	형	sincere [sinsíə:r]

84	태	태그, 꼬리표, 표	명	tag [tæg]
85	정	정기적인, 주기적인, 정기 간행의, 간헐적인	형	periodical [pìəriάdikəl]
86	태	태블릿, 평판, 명판, 기념액자, 정제, 알약	명	tablet [tǽblit]
87	세	세이빙, 절약하는 알뜰한, 검소한, 도움이 되는	형	saving [séiviŋ]
88	문	문화, 정신문명, 교양, 세련	명	culture [kʌ́ltʃər]
89	단	단식하다 ; 빠른, 고속의	형	fast [fæst]
90	세	세버뜨, 안식일, 안식, 휴식, 평화	명	Sabbath [sǽbəθ]
91	사	사이트, 인용하다, 예증하다	동	cite [sait]
92	육	육체의, 신체의, 물질의, 물질적인, 물리학의, 자연의	형	physical [fízikəl]
93	신	신입생, 신입자, 초심자	명	freshman [fréʃmən]
94	과	과감한, 대담한, 용기 있는	형	bold [bould]
95	생	생츄에리, 성소, 지성소, 성당, 신전, 사원	명	sanctuary [sǽŋktʃuèri / --əri]

96	육	육성하다, 기르다, 사육하다, 재배하다	동	rear [riəːr]
97	신	신시얼리, 성실하게, 진실하게	부	sincerely [sinsíəːrli]
98	몸	몸가짐, 행동, 행실, 품행	명	behavior [bihéivjər]
99	바	바우을, 모음(의), 모음글자, 모음자	명	vowel [váuəl]
100	처	처량한, 황량한, 울적한, 지루한, 따분한	형	dreary [dríəri]
101	서	서플러멘트리, 보충의, 보조의, 추가의, 부가의	형	supplementary [sʌpləméntəri]
102	논	논탁식, 독이 없는, 중독성이 아닌	형	nontoxic [nɑntáksik]
103	개	개혁하다, 개선하다, 개량하다, 수습하다	동	reform [riːfɔ́ːrm]
104	행	행 온, (~을) 꼭 붙잡다, 매달리다, 전화를 끊지 않고 두다		hang on
105	주	주다, 수여하다, 부여하다, 승인하다	동	grant [grænt]
106	치	치어, 갈채, 환호, 성원, 격려	명	cheer [tʃiər]
107	마	마인드 유어 비즈니스, 참견마라, 네 일이나 해라.		Mind your business.

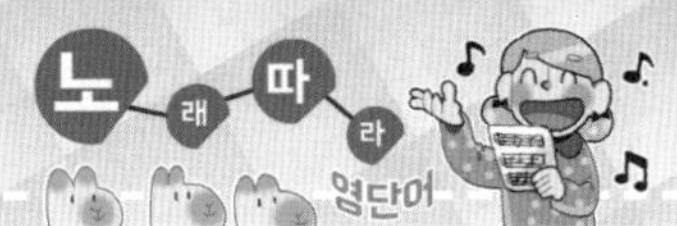

108	권	권하다, 열심히 타이르다, 충고하다, 조언하다	동	exhort [igzɔ́:rt]
109	율	율동, 리듬, 음률	명	rhythm [rið-əm]
110	역	역설, 강조, 압력, 압박, 강세 ; 강조하다, 역설하다	명	stress [stres]
111	사	사일런스, 침묵, 무언, 고요함, 정적	명	silence [sáiləns]
112	는	언임플로이먼트, 실업, 실직, 실업상태	명	unemployment [ʌ̀nemplɔ́imənt]
113	흐	흐릿한, 희미한, 흐린, 어둑한	형	dim [dim]
114	르	언암드, 무기를 가지지 않은, 무장하지 않은	형	unarmed [ʌnɑ́:rmd]
115	다	다이옥사이드, 이산화물	명	dioxide [daiɑ́ksaid]

8 한국을 빛낸 100인 4절

1	번	번치, 다발, 송이	명	bunch [bʌntʃ]
2	쩍	적, 상대, 대항자, 반대자, 반대하는, 적대하는	명	opponent [əpóunənt]
3	번	번치, 다발, 송이	명	bunch [bʌntʃ]
4	쩍	적, 상대, 대항자, 반대자, 반대하는, 적대하는	명	opponent [əpóunənt]
5	홍	홍보(PR)		public relation
6	길	길틀리스, 죄 없는, 무죄의, 결백한	형	guiltless [gíltlis]
7	동	동양, 동방, 동쪽 ; 동양의, 동쪽의, 해가 떠오르는	명	orient [ɔ́:riənt]
8	의	의학의, 의술의, 의약의	형	medical [médik-əl]
9	적	적당한, 타당한, 상응하는, 지당한, 올바른	형	proper [prápər]
10	임	임플로이, 고용하다, 사용하다, 쓰다, 일감을 주다	동	employ [implɔ́i]
11	꺽	(꽃을) 꺾다, 뜯다, 잡아 뽑다	동	pluck [plʌk]

12	정	정당한, 적법한, 합법의, 법률상의	형	legal [líg-əl]
13	대	대화, 대담, 회화	명	conversation [kɑ̀nvərséiʃən]
14	쪽	쪽, 조각, 얇은 한 쪽, 얇은 조각, 한 조각	명	slice [slais]
15	같	같음, 동등, 대등, 평등, 균등, 한결같음	명	equality [i(:)kwɑ́ləti]
16	은	언어피셜, 비공식적인, 공인되지 않은, 무허가의	형	unofficial [ʌnəfíʃəl]
17	삼	삼키다, 들이켜다, 먹어치우다 ; 제비	동	swallow [swɑ́lou]
18	띠	학설, 설, 이론, 학리, 원리, 규칙	명	theory [θíːəri]
19	사	사이클, 순환, 한 바퀴, 주기, 순환기	명	cycle [sáikl]
20	어	어드밋, 인정하다, 허가하다, 들이다	동	admit [ə/ædmít]
21	사	사이트, 위치, 장소, 용지	명	site [sait]
22	박	박수갈채, 칭찬	명	applause [əplɔ́:z]
23	문	문자, 글자, 인격, 특성, 인물	명	character [kǽriktər]

번호	첫말	뜻	품사	영단어	발음
24	수	수프, 고깃국(물)	명	soup	[su:p]
25	삼	삼, 찬송가, 성가	명	psalm	[sɑ:m]
26	년	연, 여언, 그리워하다, 동경하다, 갈망하다	동	yearn	[jə:rn]
27	공	공갈, 협박, 위협 ; 위협하다, 협박하다	명	menace	[ménəs]
28	부	부처, 정육점 주인, 푸주한, 도살업자	명	butcher	[bútʃər]
29	한	한 배 병아리, 한 배 새끼, 한가족, 종족, 무리	명	brood	[bru:d]
30	석	석세스, 성공, 성취, 좋은 결과	명	success	[səksés]
31	봉	봉급, 급료	명	salary	[sǽləri]
32	단	단계, 무대, 활동무대	명	stage	[steidʒ]
33	원	원티드, (광고) ~을 요구함, ~모집, 채용코자 함, 지명 수배된(사람의)	형	wanted	[wɔ́(:)ntid]
34	풍	풍부한, 많은	형	abundant	[əbʌ́ndənt]
35	속	속담, 격언, 금언	명	proverb	[právə:rb]

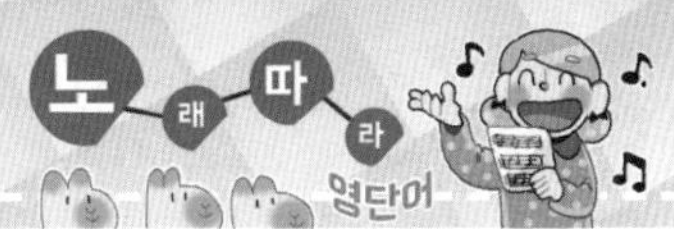

36	도	도온, 돈, 단, 새벽, 동틀 녘, 여명	명	**dawn** [dɔ:n]
37	방	방대한, 대량의, 부피가 큰, 육중한	형	**massive** [mǽsiv]
38	랑	랑데부~, 란디부 ~. 만날 약속, 회합(장소), 집결지	명	**rendezvous** [rάndivù:]
39	시	시드, 씨앗, 종자, 열매, 자손	명	**seed** [si:d]
40	인	인세슨트, 끊임없는, 그칠 새 없는, 간단없는	형	**incessant** [insésənt]
41	김	(술 따위가) 김빠진, 신선미가 없는, 상해가는	형	**stale** [steil]
42	삿	삿대, 장대, (가늘고 긴) 막대, 낚싯대,	명	**rod** [rɑd / rɔd]
43	갓	갓 태어난, 신생의, 갓 난, 재생의, 갱생의	형	**newborn** [njú:bɔ́:rn]
44	지	지껄이다, 재잘거리다, 지저귀다	동	**chatter** [tʃǽtər]
45	도	도덕, 미덕, 선행, 덕행, 장점, 가치, 효력	명	**virtue** [və́:rtʃu:]
46	김	김이 자욱한, 안개가 짙은, 증기의	형	**steamy** [stí:mi]
47	정	정션, 연합, 접합, 연접	명	**junction** [dʒʌ́ŋkʃən]

48	호	호이스트, 내걸다, 올리다, 천천히 감아 올리다, 높이 올리다	동	hoist [hɔist]
49	영	영스터, 젊은이, 청년	명	youngster [jʌ́ŋstəːr]
50	조	조인틀리, 연합하여, 공동으로, 연대적으로	부	jointly [dʒɔ́intli]
51	대	대답하다, 응답하다, 반응하다	동	respond [rispɑ́nd]
52	왕	왕년의, 전의 이전의 ; the former 전자(의)	형	former [fɔ́ːrməːr]
53	신	신세러티, 성실, 성의, 진실, 진심	명	sincerity [sinsérəti]
54	문	문법, 문법론, 어법, 말투	명	grammar [grǽmər]
55	고	고우 온, 계속하다		go on
56	정	정복, 획득, 획득물, 전리품	명	conquest [kɑ́ŋkwest]
57	조	조우디액, 황도대, 12궁, 12궁도대	명	zodiac [zóudiæ̀k]
58	규	규범, 기준, 모범, 일반표준	명	norm [nɔːrm]
59	장	장난, 짓궂음, 해악, 해코지	명	mischief [místʃif]

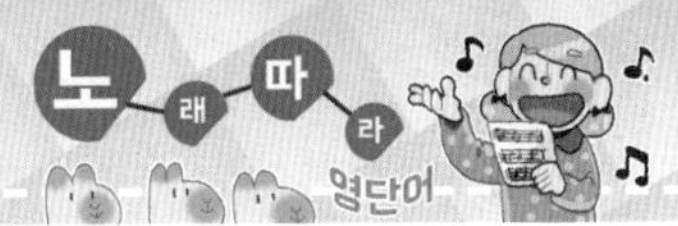

60	각	각도, 각, 모퉁이, 견지, 관점	명	angle [æŋgl]
61	목	목욕시키다, 담그다, 잠그다, 적시다	동	bathe [beið]
62	민	민스, 다지다, 잘게 썰다, 조심스레 말하다, 완곡하게 말하다	동	mince [mins]
63	심	심플리, 솔직히, 간단히, 단순히	부	simply [símpli]
64	서	서든, 돌연한, 갑작스러운, 불시의	형	sudden [sʌ́dn]
65	정	정치의, 정치상의, 정치적인	형	political [pəlítikəl]
66	약	약혼, 약속, 맹세, 계약	명	engagement [engéidʒmənt]
67	용	용기 있는, 용감한, 담력 있는, 씩씩한	형	courageous [kəréidʒəs]
68	녹	녹터늘, 낙터늘, 밤의, 야간의, 야행성의	형	nocturnal [naktə́:rnl]
69	두	두드러지게 하다, 눈에 띠게 하다, 구별하다	동	distinguish [distíŋgwiʃ]
70	장	장기의, 장기적인, 오랫동안의	형	long-term [lɔ́:ŋtə̀:rm]
71	군	군대, 병력, 떼, 무리	명	troop [tru:p]

72	전	전개, 발달, 발전, 개발	명	development [divéləpmənt]
73	봉	봉급, 임금, 급료, 보상	명	wage [weidʒ]
74	준	준비의, 예비의	형	preparatory [pripǽrətɔ̀:ri]
75	순	순수한, 맑은, 깨끗한, 청순한, 순결한, 순종의	형	pure [pjuər]
76	교	교란시키다, 방해하다, 어지럽히다, 저해하다	동	disturb [distə́:rb]
77	김	김, 증기, 수증기	명	vapor [véipər]
78	대	대포, 기관포 ; 포격하다	명	cannon [kǽnən]
79	건	건, 대포, 총, 소총	명	gun [gʌn]
80	서	서먼, 설교, 잔소리, 장광설	명	sermon [sə́:rmən]
81	화	화답, 응답, 대답, 반응, 감응	명	response [rispáns]
82	가	가버너, 통치자, 지배자, 주지사, 총독	명	governor [gʌ́vərnər]
83	무	무죄의, 청정한, 순결한, 결백한	형	innocent [ínəsnt]

84	황	황급함, 급함, 급속, 신속, 성급	명	haste [heist]
85	진	진화시키다, 발전시키다, 발달시키다, 고안하다	동	evolve [iválv]
86	이	이븐, ~조차도, 한층 더	부	even [íːvən]
87	못	못생긴, 추한, 보기 싫은, 추악한	형	ugly [ʌ́gli]
88	살	살아있는, 생존해 있는, 생생한	형	alive [əláiv]
89	겠	겟 아웃 오브, ~에서 나오다, ~에서 내리다, 벗어나다, 버리다		get out of ~
90	다	다이어, 무서운, 비참한, 음산한, 긴박한, 극단적인	형	dire [daiər]
91	홍	홍수, 큰물, 범람, 쇄도, 밀물	명	flood [flʌd]
92	경	경고하다, 경고하여 조심하게 하다	동	warn [wɔːrn]
93	래	래브러토리, 실험실, 시험실, 연구소	명	laboratory [lǽb-ərətɔ̀ːri]
94	삼	삼가다, 금지하다, 방해하다	동	prohibit [prouhíbit]
95	일	일루미네이트, 등불을 켜다, 밝게 하다	동	illuminate [ilúːmənèit]

번호	첫말	뜻	품사	단어	발음
96	천	천대, 경멸, 모욕, 치욕, 체면손상	명	contempt	[kəntémpt]
97	하	하이라이트, 주요사건 ; 강조하다	명	highlight	[haílàit]
98	김	김 양식		laver farming	
99	옥	옥션, 경매, 공매	명	auction	[ɔ́:kʃən]
100	균	균형, 평균, 평형, 천정, 저울	명	balance	[bǽləns]
101	안	안의, 안쪽의, 내부의, 속의, 실내의, 내적인	형	interior	[intíəriər]
102	중	중복, 되풀이, 반복, 재현	명	repetition	[rèpətíʃ-ən]
103	근	근거, 기초, 토대, 기본원리, 원칙	명	basis	[béisis]
104	은	언내처럴, 부자연한, 이상한, 기괴한,	형	unnatural	[ʌnnǽtʃərəl]
105	애	애원하다, 탄원하다, 간청하다	동	implore	[implɔ́:r]
106	국	국면, 단계, 면, 상	명	phase	[feiz]
107	이	이슈, 논쟁, 토론 ; 발표하다, 발행하다, 출판하다	명	issue	[íʃu]

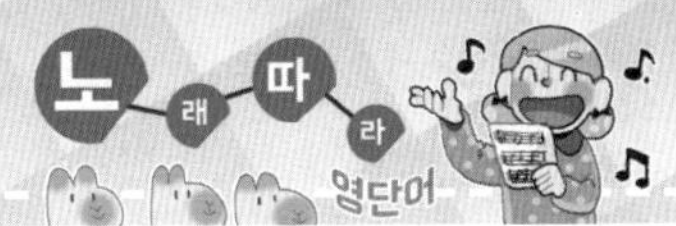

108	완	완스, 한번, 한 차례, 이전에	부	once [wʌns]
109	용	용기, 용감(성), 용맹, 담력, 배짱	명	bravery [bréivəri]
110	은	언페이드, 지급되지 않은, 미납의, 무급의	형	unpaid [ʌnpéid]
111	매	매드, 미친, 열광적인, 열중인, 열을 올리고 있는	형	mad [mæd]
112	국	국경, 국경지방, 국내, 변방	명	frontier [frʌntíəːr]
113	역	역병, 전염병, 재앙, 흑사병	명	plague [pleig]
114	사	사려분별력 있는, 신중한, 조심성 있는, 세심한, 빈틈없는	형	prudent [prúːdənt]
115	는	언더웨어, 내의, 속옷	명	underwear [ʌ́ndərwɛ̀ər]
116	흐	흐린, 불분명한, 명백하지 않은, 모호한, 막연한	형	unclear [ʌnklíər]
117	른	언앨러지, 어낼러지, 유사, 비슷함, 닮음, 유추	명	analogy [ənǽlədʒi]
118	다	다이어트, 식품, 음식물, 식이요법, 규정식	명	diet [dáiət]

9 한국을 빛낸 100인 5절

1	별	별개의, 따로따로의, 하나하나의, 분리된 ; 분리하다	형	separate [sépərèit]
2	헤	헤이슨, 서두르다, 재촉하다, 빠르게 하다	동	hasten [héisn]
3	는	언두, 원상태로 돌리다, 취소하다, 풀다	동	undo [ʌndúː]
4	밤	밤, 폭탄, 수류탄	명	bomb [bɑm]
5	윤	윤을 내다, 닦다, 광을 내다, 세련되게 하다	동	polish [póuliʃ]
6	동	동반하다, 함께 가다, 수반하다	동	accompany [əkʌ́mpəni]
7	주	주버널, 주버나일, 젊은, 어린, 소년의, 초년생의	형	juvenile [dʒúːvənəl, -nàil]
8	종	종류, 부류, 성질, 품질	명	sort [sɔːrt]
9	두	두 굿 투 ~, ~에 이롭다, ~에 도움이 되다		do good to ~
10	지	지구, 구, 공, 구체	명	globe [gloub]
11	석	석시드, 성공하다, 출세하다, 번창하다, 계속되다	동	succeed [səksíːd]

12	영	영수증, 인수증, 수령	명	receipt [risíːt]
13	삼	삼가는, 절제하는, 알맞은, 적당한	형	moderate [mά-d-ərèit / mɔ́d-]
14	십	십억, 무수	명	billion [bíljən]
15	삼	삼림, 숲, 산림	명	forest [fɔ́(ː)rist]
16	인	인클루드, 포함하다, 포함시키다, 셈에 넣다	동	include [inklúːd]
17	손	손바닥	명	palm [pɑːm]
18	병	병행하다, 동시에 함께하다, 나란히 가다, ~와 보조를 맞추다		keep pace with~
19	희	희미한, 어렴풋한, 여린, 약한, 부족한, 무기력한	형	faint [feint]
20	만	만족시키다, 충족시키다, 채우다	동	satisfy [sǽtisfài]
21	세	세이비어, 구조자, 구세주, 구주	명	savior [séivjəːr]
22	만	만나다, 조우하다 ; 만남, 조우	동	encounter [enkáuntər]
23	세	세일즈맨, 판매원, 외판원, 점원	명	salesman [séilzmən]

24	유	유스트 투 ~, ~하곤 했다, ~했었다, ~하는 것이 예사였다		used to ~
25	관	관객, 구경꾼, 관찰자	명	spectator [spékteitəːr]
26	순	순 오어 레이트, 머지않아, 조만간		soon or late
27	도	도우, 밀가루 반죽, (굳지 않은) 생 빵	명	dough [dou]
28	산	산뜻하게 하다, 새롭게 하다, 상쾌하게 하다	동	refresh [rifréʃ]
29	안	안전하게, 확실히, 견고하게	부	securely [sikjúəːrli]
30	창	창피를 주다, 욕보이다, 굴욕을 주다, 굴복시키다	동	humiliate [hjuːmílièit]
31	호	호러블, 무서운, 끔찍한, 오싹한	형	horrible [hɔ́ːrəbəl]
32	어	어베일러블, 이용할 수 있는, 쓸모 있는, 유효한	형	available [əvéiləbəl]
33	린	린스, 헹구다, 가시다, 씻어내다	동	rinse [rins]
34	이	이그지스트, 존재하다, 실재하다, 현존하다	동	exist [igzíst]
35	날	날씬한, 호리호리한, 가느다란	형	slim [slim]

36	방	방송하다, 방영하다, 퍼뜨리다, 흩뿌리다 ; 방송, 방영,	동	broadcast [brɔ́:dkæ̀st]
37	정	정확한, 정밀한, 빈틈없는, 신중한	형	accurate [ǽkjərit]
38	환	환자, 병자 ; 인내심이 강한	형	patient [péiʃənt]
39	이	이그저트, 발휘하다, 노력하다, 진력을 다하다, 애쓰다	동	exert [igzə́:rt]
40	수	수퍼바이저, 관리[감독]자, 감시자	명	supervisor [sú:pərvàizər]
41	일	일랩스, (때가) 경과하다 ; 시간의 경과	동	elapse [ilǽps]
42	과	과장하다, 침소봉대하다, 지나치게 강조하다	동	exaggerate [igzǽdʒərèit]
43	심	심텀, 징후, 조짐, 징조, 증상, 증후	명	symptom [símptəm]
44	순	순환, 유통, 유포	명	circulation [sə̀:rkjəléiʃən]
45	애	애드버타이즈먼트, 광고, 선전, 통고, 공시	명	advertisement [æ̀dvərtáizmənt]
46	장	장려하다, 진전시키다, 조장하다	동	promote [prəmóut]
47	군	군림, 통치, 치세, 지배, 힘, 세력, 통치권, 권세	명	reign [rein]

48	의	의무, 본분, 임무, 직무, 직책	명	**duty** [djú:ti]
49	아	**아비트레리**, 임의의, 멋대로의, 독단적인	형	**arbitrary** [á:rbitrèri, -trəri]
50	들	들떠 있는, 침착하지 못한, 편한 잠을 잘 수 없는	형	**restless** [réstlis]
51	김	김, 수증기, 안개, 연무	명	**fog** [fɔ(:)g]
52	두	**두 어웨이 위드**, ~을 없애다, 폐지하다		**do away with ~**
53	한	한층 더 많이, 훨씬 더 많이		**much more**
54	날	**날리저블**, 지식이 있는, 식견이 있는, 총명한	형	**knowledg(e)able** [nálidʒəbəl / nɔ́l-]
55	자	자금, 자본, 대문자, 수도	명	**capital** [kǽpitl]
56	꾸	꾸준한, 한결같은, 안정된	형	**steady** [stédi]
57	나	**나이브**, 순진한, 천진난만한	형	**naive** [nɑ:í:v]
58	이	**이미디이트**, 직접의, 즉시의	형	**immediate** [imí:diit]
59	상	상호관계, 상호의존, 상관	명	**correlation** [kɔ̀:rəléiʃən]

60	황	황당한, 불합리한, 터무니없는, 부조리한	형	**absurd** [æbsə́:rd]
61	소	소사이어티, 사회, 집단, 세상	명	**society** [səsáiəti]
62	그	그리디, 게걸스러운, 욕심이 많은, 탐욕스러운	형	**greedy** [grí:di]
63	림	림, 가장자리, 테	명	**rim** [rim]
64	중	중립의, 중립국의, 중간의, 명확하지 않은, 애매한	형	**neutral** [njú:trəl]
65	섭	섭취, 섭취량, 흡입, 입력	명	**intake** [íntèik]
66	역	역할, 배역, 임무 ; play an important role 중요한 역할을 하다	명	**role** [roul]
67	사	사과, 사죄, 변명, 해명, 변호	명	**apology** [əpálədʒi]
68	는	언랩, 포장을 풀다, 끄르다	동	**unwrap** [ʌnrǽp]
69	흐	흐느끼다, 눈물을 흘리다, 울다	동	**weep** [wi:p]
70	른	언앱트, 어울리지 않는, 부적당한, 둔한	형	**unapt** [ʌnǽpt]
71	다	다이브, 뛰어들다	동	**dive** [daiv]

10 독도는 우리 땅 1절

1	울	울트라사운드, 초음파	명	ultrasound [ʌ́ltrəsàund]
2	릉	능력, 할 수 있는 힘, 솜씨, 재능	명	ability [əbíləti]
3	도	도박을 하다, 내기를 하다 ; 도박, 놀음, 투기, 모험	동	gamble [gǽmbəl]
4	동	동정, 불쌍히 여김, 애석한 일, 유감스러운 일	명	pity [píti]
5	남	남성 ; 남성의, 남자의, 수컷의	명	male [meil]
6	쪽	쪽지, 짧은 편지, 주석, 주목	명	note [nout]
7	배	배지, 휘장, 기장, 상징	명	badge [bædʒ]
8	길	길, 가로수길, 큰 거리	명	avenue [ǽvənjùː]
9	따	따이, 넓적다리, 허벅다리	명	thigh [θai]
10	라	라이트, 옳은, 올바른, 정당한	형	right [rait]
11	이	이그노런트, 무지한, 무학의, 모르는	형	ignorant [ígnərənt]

12	백	백티어리어, 박테리아, 세균, 세균류	명	bacteria [bæktíəriə]
13	리	리미티드, 한정된, 유한의, 좁은, 얼마 안 되는	형	limited [límitid]
14	외	외어래즈, ~와는 반대로, ~인 까닭에 , ~인 사실에서 보면,	접	whereas [*h*wɛ-əræ̀z]
15	로	로그, 통나무, 원목, 땔나무	명	log [lɔ(:)g]
16	운	운반하다, 운송하다, 수송하다	동	transport [trænspɔ́:rt]
17	섬	섬추어스, 사치스러운, 화려한, 호화로운, 값진	형	sumptuous [sʌ́mptʃuəs]
18	하	하울, (개, 이리 따위가 멀리서) 짖다, 울부짖다, 악쓰며 말하다	동	howl [haul]
19	나	나이트폴, 해질녘, 황혼, 땅거미	명	nightfall [náitfɔ̀:l]
20	새	새들, 안장, 등심고기	명	saddle [sǽdl]
21	들	들러붙는, 끈적끈적한, 점착성의	형	sticky [stíki]
22	의	의붓아버지	명	stepfather [stepfɑ̀:ðə:r]
23	고	고도, 높이, 표고, 해발, 고지	명	altitude [ǽltət*j*ù:d]

24	향	향기, 냄새, 향내, 후각	명	scent [sent]
25	그	그래주얼리, 차차, 점차, 차례로	부	gradually [grǽdʒuəli]
26	누	누클리어, (세포) 핵의, 중심의, 원자핵의	형	nuclear [njú:kliə:r]
27	가	가이드포스트, 이정표, 길잡이, 도로표지판	명	guidepost [gáid-pòust]
28	아	아웃버스트, (화산 따위의) 폭발, 파열, 격발, 쏟아져 나옴	명	outburst [áutbə̀:rst]
29	무	무질서, 어지러움, 혼란, 소요	명	disorder [disɔ́:rdər]
30	리	리지, 산마루, 산등성이	명	ridge [ridʒ]
31	자	자동의, 자동적인, 반사적인	형	automatic [ɔ̀:təmǽtik]
32	기	기브 웨이(투), (에게) 지다, 굴복하다, 무너지다		give way (to) ~
33	네	네이, 아니!, 부정, 반대, 글쎄, 그렇긴 하나	부	nay [nei]
34	땅	땅을 갈다, 토지를 경작하다, 경작하다	동	till [til]
35	이	이그지빗, 전람하다, 전시하다, 출품하다, 나타내다	동	exhibit [igzíbit]

36	라	**라이틀리**, 올바르게, 정당하게, 적절히	부	**rightly** [ráitli]
37	고	**고우스트**, 유령, 망령	명	**ghost** [goust]
38	우	**우드랜드**, 삼림지대	명	**woodland** [wúdlənd]
39	겨	**겨루다**, 경쟁하다, 필적하다, 맞붙게 하다	동	**match** [mætʃ]
40	도	**도우너**, 기증자, 기부자	명	**donor** [dóunər]
41	독	**독감**, 인플루엔자, 유행성 감기	명	**influenza** [ìnfluénzə]
42	도	**도그마**, 교의, 교리, 독단적 주장	명	**dogma** [dɔ́(ː)gmə]
43	는	**언와이즈**, 지각없는, 어리석은, 분별없는, 지혜가 없는	형	**unwise** [ʌnwáiz]
44	우	**우려스러운**, 걱정스러운, 염려되는, 열망하는	형	**anxious** [ǽŋkʃəs]
45	리	**리액션**, 반응, 반작용, 반항, 반발	명	**reaction** [riːǽkʃ-ən]
46	땅	**땅을 파다**, 파헤치다, 채굴하다, 발굴하다	동	**dig** [dig]

11 독도는 우리 땅 2절

1	경	경계, 한계, 범위, 영역	명	boundary [báundəri]
2	상	상식, 양식, 일반적 공통견해	명	common sense
3	북	북적대다, 밀려들다, 혼잡하다, 떼 지어 모이다 ; 군중	동	throng [θrɔ(:)ŋ]
4	도	도선트, (미술관 · 박물관 등의) 안내인, (대학의) 강사	명	docent [dóusənt]
5	울	울적함, 우울, 우울증 ; 우울한, 생각에 잠긴	명	melancholy [mélənkàli]
6	릉	능동적인, 활동적인, 의욕 있는	형	active [ǽktiv]
7	군	군락지, 식민지, 집단	명	colony [káləni]
8	남	남아도는, 잉여의, 나머지의, 과잉의, 잔여의	형	surplus [sə́:rplʌs]
9	면	면식의, ~와 아는 사이인, ~을 아는, 정통한	형	acquainted [əkwéintid]
10	도	도망치다, 탈영하다, 버리다, (무단으로) 자리를 뜨다	동	desert [dizə́:rt]
11	동	동맹, 연맹, 리그, 경기연맹	명	league [li:g]

12	일	**일러스트리어스**, 유명한, 저명한, 뛰어난	형	**illustrious** [ilʌ́striəs]
13	번	**번잉. 버닝**, 불타는, 열렬한, 뜨거운, 강렬한	형	**burning** [bə́ːrniŋ]
14	지	**지금부터**, 이제부터		**from now on**
15	동	(같은 관직, 전문직업의) **동료**, 동업자	명	**colleague** [kάliːg]
16	경	**경건한**, 독실한, 신앙심이 깊은, 열렬한	형	**devout** [diváut]
17	백	**백워드**, 뒤에, 후방에, 거꾸로	부	**backward** [bǽkwərd]
18	삼	**삼가다**, 억제하다, 제지하다, 금지하다, 억누르다	동	**restrain** [riːstréin]
19	십	**십대**, 십대의 소년 소녀	명	**teenager** [tíːnèidʒəːr]
20	이	**이벤츄얼리**, 최후에는, 결국에는, 드디어	부	**eventually** [ivéntʃuəli]
21	북	**북돋우다**, 분발시키다, 각성시키다, 자극하다, 일으키다	동	**stir** [stəːr]
22	위	**위키드**, 악한, 사악한, 심술궂은	형	**wicked** [wíkid]
23	삼	**삼회**, 세 번, 3배로	부	**thrice** [θrais]

24	십	십자가에 못 박히다, 박해하다, 책형에 처하다, 괴롭히다	동	crucify [krúːsəfài]
25	칠	칠리, 차가운, 냉담한, 쌀쌀한	형	chilly [tʃíli]
26	평	평면, 수평면, 비행기	명	plane [plein]
27	균	균일한, 한결같은, 동일 표준의	형	uniform [júːnəfɔ̀ːrm]
28	기	기쁜, 매우 기쁜, 즐거운, 매우 유쾌한, 쾌적한	형	delightful [diláitfəl]
29	온	온 비즈니스, 사업차, 볼일로, 업무로		on business
30	십	십먼트, 배에 싣기, 선적, 출하, 적하(積荷), 선적량	명	shipment [ʃípmənt]
31	이	이그재민, 시험하다, 검사하다, 진찰하다	동	examine [igzǽmin]
32	도	도미터리, 기숙사, 공동침실	명	dormitory [dɔ́ːrmətɔ̀ːri / -təri]
33	강	강둑, 제방, 강가, 기슭	명	bank [bæŋk]
34	수	수퍼, 최고의, 극상의	형	super [súːpər]
35	량	양념, 향신료, 풍미	명	spice [spais]

36	은	언로우드, 짐을 부리다, 내리다	동	unload [ʌnlóud]
37	천	천성, 성질, 인간성, 자연	명	nature [néitʃər]
38	삼	삼버, 어두컴컴한, 흐린, 음침한	형	somber [sámbəːr / sɔ́m-]
39	백	백바이트, 뒤에서 험담하다, 중상하다	동	backbite [bǽkbàit]
40	독	독점, 전매, 독점권, 독점판매	명	monopoly [mənápəli]
41	도	도착, 도달, 출현, 등장	명	arrival [əráivəl]
42	는	언카먼, 흔하지 않은, 보기 드문, 신기한	형	uncommon [ʌnkámən]
43	우	우기다, 고집하다, 주장하다, 집착하다, 지속하다, 존속하다	동	persist [pəːrsíst]
44	리	리스크, 위험, 모험, 위험성, 손상의 염려	명	risk [risk]
45	땅	땅거미, 황혼, 새벽녘,	명	twilight [twáilàit]

12 독도는 우리 땅 3절

1	오	오땐틱, 믿을만한, 확실한, 근거있는, 진정한, 진짜의	형	authentic [ɔːθéntik]
2	징	징계하다, 벌하다, 응징하다	동	punish [pʌ́niʃ]
3	어	어플라이 뽀 ~, ~에 지원하다, 신청하다		apply for ~
4	꼴	꼴사나운, 버릇없는, 상스러운, 부당한	형	indecent [indíːsnt]
5	뚜	뚜렷한, 현저한, 두드러진, 인상적인, 멋있는, 눈에 띄는	형	striking [stráikiŋ]
6	기	기약, 서약, 언질, 저당, 담보, 보증, 언약, 공약	명	pledge [pledʒ]
7	대	대뻐딜, 수선화, 훈계, 격언	명	daffodil [dǽfədìl]
8	구	구경, 관광, 유람 ; go sightseeing 관광하러 가다	명	sightseeing [sáitsìːiŋ]
9	명	명망 있는, 유명한, 고명한, 세상에 잘 알려진	형	celebrated [séləbrèitid]
10	태	태도, 마음가짐, 몸가짐, 거동	명	attitude [ǽtitjùːd]
11	거	거들, 띠, 허리띠	명	girdle [gəːrdl]

12	북	북, 예약하다, 기입하다, 기장하다	동	**book** [buk]
13	이	이미테이트, 모방하다, 흉내 내다, 본받다	동	**imitate** [ímitèit]
14	연	연결하다, 잇다, 접속하다, 관계시키다	동	**connect** [kənékt]
15	어	어바운드, 많이 있다, 풍부하다, 그득하다, 충만하다	동	**abound** [əbáund]
16	알	알력, (의견 · 이해 따위의) 불일치 ; in collision with ~ ~와 충돌하여	명	**collision** [kəlíʒən]
17	물	물러나다, 퇴각하다, 멀어지다, 철회하다, 손을 때다	동	**recede** [risíːd]
18	새	새터언, 토성, 농업의 신	명	**Saturn** [sǽtəːrn]
19	알	알다, 이해하다, 판별하다, 판독하다		**make out**
20	해	해브 나씽 투 두 위드 ~, ~와 전혀 관계가 없다		**have nothing to do with ~**
21	녀	여느 때의, 보통의, 통상의, 평범한	형	**ordinary** [ɔ́ːrdənèri / ɔ́ːdənəri]
22	대	대거, 단도, 단검	명	**dagger** [dǽgər]
23	합	하이드로즌, 수소	명	**hydrogen** [háidrədʒən]

24	실	실리, 어리석은, 분별없는, 바보 같은	형	silly [síli]
25	십	십중팔구, 거의 대부분		ten to one
26	칠	칠링, 냉랭한, 쌀쌀한, 차가운, 참담한	형	chilling [tʃíliŋ]
27	만	만스트러스, 괴물 같은, 기괴한, 기형의	형	monstrous [mánstrəs / mɔ́n-]
28	평	평가하다, 사정하다, 부과하다, 할당하다	동	assess [əsés]
29	방	방금, 지금 막		right now
30	미	미-익, 온순한, 기백이 없는	형	meek [mi:k]
31	터	터프, 강인한, 단단한, 질긴	형	tough [tʌf]
32	우	우수한, 일류의, 훌륭한, 뛰어난	형	excellent [éksələnt]
33	물	물다, 보상하다, 변상하다, 보충하다, 벌충하다, 상쇄하다	동	compensate [kámpənsèit]
34	하	하든, 굳히다, 딱딱하게 하다, 강하게 하다	동	harden [há:rdn]
35	나	나이트, 기사, 무사	명	knight [nait]

36	분	분별하다, 식별하다, 구별하다, 눈에 띄게 하다	동	distinguish [distíŋgwiʃ]
37	화	화석 ; 화석의, 화석이 된, 시대에 뒤진	명	fossil [fásl / fɔ́sl]
38	구	구급, 응급, 응급조치		first aid
39	독	독립, 자립, 자주, 독립심	명	independence [ìndipéndəns]
40	도	도브, 비둘기	명	dove [dʌv]
41	는	언폴드, 펼치다, 펴다, 열리다	동	unfold [ʌnfóuld]
42	우	우려하는, 염려하는, 걱정하는, 근심하는	형	apprehensive [æprihénsiv]
43	리	리들, 수수께끼, 알아맞히기	명	riddle [rídl]
44	땅	땅, 영토, 영지, 속령, 보호령	명	territory [térətɔ̀:ri]

Part II

노래가사 첫말잇기로 자동암기

감사

순서

13. 어머님 은혜 1절 ········ 96

14. 어머님 은혜 2절 ········ 101

15. 스승의 날 노래 ········ 106

16. 당신은 사랑받기 위해 태어난 사람 ········ 112

13 어머님 은혜 1절

1	높	(가치 · 능력 등을) 높이다, 늘리다, 더하다, 증대시키다	동	enhance [enhǽns]
2	고	고민, 걱정, 비탄, 고통, 고난, 재난, 불행, 가난	명	distress [distrés]
3	높	높이 솟은, (야심 등이) 크고 높은, 맹렬한, 높이 올라가는	형	towering [táuəriŋ]
4	은	언서튼티, 불확실, 반신반의, 믿을 수 없음	명	uncertainty [ʌnsə́:rtnti]
5	하	하모니, 조화, 일치, 화합	명	harmony [há:rməni]
6	늘	늘이다, 길게 하다, 연장하다	동	lengthen [léŋkθ-ən]
7	이	이미디틀리, 즉시, 즉각적으로	부	immediately [imí:diitli]
8	라	라운드, 둥글게 하다, 완성하다, 마무리하다	동	round [raund]
9	말	말단, 끝, 첨단	명	tip [tip]
10	들	들끓다, 가득 차다, 모여들다	동	swarm [swɔ:rm]
11	하	하모나이즈, 조화시키다, 화합시키다	동	harmonize [há:rmənàiz]

12	지	지니얼, (날씨가) 온화한, 다정한	형	**genial** [dʒíːnjəl]
13	만	만류하다, 설득하다, 권유하다, 납득시키다, 믿게 하다	동	**persuade** [pəːrswéid]
14	나	나브, 납, 혹, 마디, 손잡이	명	**knob** [nɑb / nɔb]
15	는	언칸셔스, 무의식의, 모르는	형	**unconscious** [ʌnkɑ́nʃəs]
16	나	나블리스트, 노블리스트, 소설가, 작가	명	**novelist** [nɑ́vəlist / nɔ́v-]
17	는	언포츄니틀리, 불행하게도, 유감스럽게도	부	**unfortunately** [ʌ̀nfɔ́ːrtʃənitli]
18	높	높은, 치솟은, 지위가 높은	형	**lofty** [lɔ́ːfti]
19	은	언맨드, 사람이 타지 않은, 무인의 ; unmanned spaceship 무인우주선	형	**unmanned** [ʌnmǽnd]
20	게	게일, 질풍, 강풍	명	**gale** [geil]
21	또	또트풀, 생각이 깊은, 신중한, 주의 깊은	형	**thoughtful** [θɔ́ːtfəl]
22	하	하이어, 고용하다, 임대하다, 빌려주다	동	**hire** [haiər]
23	나	나우어데이즈, 오늘날에는, 현재에는	부	**nowadays** [náu-ədèiz]

24	있	있센셜, 근본적인, 필수의, 가장 중요한, 본질적인	형	essential [isénʃəl]
25	지	지루한, 싫증나는, 장황한, 따분한	형	tedious [tíːdiəs]
26	낳	낳(낫) A 벗 B, A가 아니라 B		not A but B
27	으	어눌하게 말하다, 말을 더듬다, 더듬으며 말하다	동	stammer [stǽməːr]
28	시	시큐어, 안전한, 걱정 없는, 안심인	형	secure [sikjúəːr]
29	고	고우 롱, 잘못되다, 좋지 않게 되다		go wrong
30	기	기술, 수법, 기교, 테크닉	명	technique [tekníːk]
31	르	어지, 재촉하다, 서두르게 하다, 촉구하다	동	urge [əːrdʒ]
32	시	시빌, 시민의, 민간의, 공중의	형	civil [sívəl]
33	는	언밸런스, 불균형, 불평형	명	unbalance [ʌnbǽləns]
34	어	어펙트, ~에 영향을 끼치다	동	affect [əfékt]
35	머	머드, 진흙, 진창, 하찮은 것	명	mud [mʌd]

36	님	임플랜트, 이식하다, 심다, 주입시키다	동	implant [implǽnt]
37	은	언프레서덴티드, 선례[전례]가 없는, 새로운	형	unprecedented [ʌnprésədèntid]
38	혜	혜안, 예리한 통찰력		keen insight
39	푸	푸다, 뜨다, 퍼 올리다	동	scoop [sku:p]
40	른	언어나운스트, 공표되지 않은, 미리 알리지 않은	형	unannounced [ʌ̀nənáunst]
41	하	하버, 항구, 배가 닿는 곳, 피난처, 잠복장소	명	harbor [há:rbər]
42	늘	늘씬한, 날씬한, 홀쭉한	형	slender [sléndə:r]
43	그	그래터튜드, 감사, 사의, 보은의 마음	명	gratitude [grǽtətjù:d]
44	보	보더, 가, 가장자리, 국경	명	border [bɔ́::rdə:r]
45	다	다우틀리스, 의심할 바 없는, 확실한	형	doubtless [dáutlis]
46	도	도망치다, 달아나다		run away
47	높	높이다, 올리다, 향상시키다	동	elevate [éləvèit]

48	은	언노운, 알려지지 않은, 미지의, 불명의	형	unknown [ʌnóun]
49	것	것, 창자, 장, 내장	명	gut [gʌt]
50	같	같아 보이다, ~처럼 보이다		look like
51	애	애디퀴트, 어울리는, 적당한, 충분한, 적임의, 능력 있는	형	adequate [ǽdikwit]

14 어머님 은혜 2절

1	넓	넓은, 넓은 범위의, 광범위한, 풍부한	형	**spacious** [spéiʃəs]
2	고	고갈된, 다 써버린, 기운이 빠진, 기진맥진한	형	**exhausted** [igzɔ́:stid]
3	넓	넓은, 광대한, 다방면에 걸치는	형	**extensive** [iksténsiv]
4	은	언레스, ~하지 않으면, ~하지 않는 한	접	**unless** [ənlés]
5	바	바이얼레이트, 어기다, 더럽히다, 어지럽히다, 방해하다	동	**violate** [váiəlèit]
6	다	다큰, 어둡게 하다, 어두워지다	동	**darken** [dɑ́ːrkən]
7	라	라우즈, 일으키다, 북돋우다, 선동하다	동	**rouse** [rauz]
8	고	고우 배드, 나빠지다, 썩다, 상하다 ; Milk went bad. 우유가 상했다.		**go bad**
9	말	말뚝, 기둥, 지주	명	**post** [poust]
10	들	들르다, 불시에 방문하다		**drop in**
11	하	하이웨이, 간선도로, 대도, 큰 길	명	**highway** [háiwèi]

12	지	지급, 공급, 양식, 식량, 예비, 준비, 저장(량)	명	provision [prəvíʒən]
13	만	만만한, 대수롭지 않은, 하찮은	형	trivial [tríviəl]
14	나	나트, 낫, 매듭, 혹, 군살, 사마귀	명	knot [nɑt]
15	는	언리즈너블, 비합리적인, 이치에 맞지 않는	형	unreasonable [ʌnríːzənəbəl]
16	나	나트, 낫, 매듭, 혹, 군살, 사마귀	명	knot [nɑt]
17	는	언리즈너블, 비합리적인, 이치에 맞지 않는	형	unreasonable [ʌnríːzənəbəl]
18	넓	넓히다, 확장하다, 넓어지다	동	broaden [brɔ́ːdn]
19	은	언터치트, 만지지 않은, 손대지 않은	형	untouched [ʌntʌ́tʃt]
20	게	게스, 추측하다, 추정하다	동	guess [ges]
21	또	또로우, 철저한, 충분한, 완벽한	형	thorough [θə́ːrou, θʌ́r-]
22	하	하이크, 터벅터벅 걷다, 하이킹하다	동	hike [haik]
23	나	나이트로전, 질소	명	nitrogen [náitrədʒən]

24	있	있(이)스팀, 존중, 존경, 경의 ; 존경하다	명	esteem [istí:m]
25	지	지명하다, 임명하다, 정하다	동	appoint [əpɔ́int]
26	사	사명, 임무, 직무, 천직, 전도	명	mission [míʃ-ən]
27	람	암시, 시사, 넌지시 비춤, 연상, 제안	명	suggestion [səgdʒéstʃən]
28	되	되다, 어울리다, 알맞다	동	become [bikʌ́m]
29	라	라운드, 약, 대략, 주변에	부	round [raund]
30	이	이너머스, 거대한, 막대한, 매우 큰	형	enormous [inɔ́:rməs]
31	르	러스트, 녹, 부식, 때 ; 녹나다, 부식하다	명	rust [rʌst]
32	시	시티즌, 시민, 일반시민, 국민	명	citizen [sítəzən]
33	는	언이븐, 평탄하지 않은, 균형이 맞지 않은	형	uneven [ʌní:vən]
34	어	어답트, 채택하다, 채용하다	동	adopt [ədápt]
35	머	머조리티, 대부분, 대다수	명	majority [mədʒɔ́(:)rəti]

36	님	임페이션트, 참을 수 없는, 성마른, 조급한	형	impatient [impéiʃənt]
37	은	언마더파이드, 변경되지 않은, 한정되지 않은	형	unmodified [ʌnmádəfàid / -mɔ́d-]
38	혜	혜택, 이익, 은혜, 은전	명	benefit [bénəfit]
39	푸	푸 다웃, (불을) 끄다 (extinguish)		put out
40	른	언애터마이즈, 해부하다, (상세히) 분석하다	동	anatomize [ənǽtəmàiz]
41	바	바인드, 묶다, 동이다, 결박하다	동	bind [baind]
42	다	다이버스티, 다양성, 동일하지 않음	명	diversity [daivə́ːrsəti]
43	그	그래스프, 붙잡다, 움켜쥐다, 납득하다	동	grasp [græsp]
44	보	보드라인, 국경선, 경계선 ; 국경선상의	명	borderline [bɔ́ːrdəːrlàin]
45	다	다큐멘터리, 문서의, 서류의, 기록 자료가 되는	형	documentary [dὰkjəméntəri]
46	도	도시의, 도회지에서 있는, 도회풍의	형	urban [ə́ːrbən]
47	넓	넓히다, 넓게 되다, 넓어지다	동	widen [wáidn]

48	은	언러키, 불운한, 불행한, 공교로운	형	unlucky [ʌnlʌ́ki]
49	것	거리, 간격, 원거리	명	distance [dístəns]
50	같	같은 방식으로, 같은 방법으로		in the same way
51	애	애드히어, 고수하다, 집착하다, 신봉하다, 지지하다, 부착하다	동	adhere [ædhíər]

15 스승의 은혜

1	스	스깨어스, 부족한, 적은, 결핍한, 드문, 희귀한	형	scarce [skɛə:rs]
2	승	승인하다, 동의하다, 허가하다 ; 동의, 허가, 승낙, 일치	동	consent [kənsént]
3	의	의무, 책임, 책무, 의리	명	obligation [àbləgéiʃən / ɔ̀b-]
4	은	은밀한, 내밀한, 기밀의, 신임이 두터운	형	confidential [kànfidénʃəl]
5	혜	혜안, 총명, 날카로운 통찰력, 예민	명	acumen [əkjú:mən, ǽkjə-]
6	는	넌컴플라이언트, 불복종하는, 불순종하는	형	noncompliant [nɔ̀nkəmpláiənt]
7	하	하이버네잇, 동면하다, (틀어박혀) 겨울을 지내다	동	hibernate [háibərnèit]
8	늘	늘이다, 펴다, 뻗다, 확장하다, 연장하다	동	extend [iksténd]
9	같	같은 값이면, 기왕이면		other things being equal.
10	아	아큐페이셔늘, 직업상의, 직업 때문에 일어나는	형	occupational [àkjəpéiʃənəl]
11	서	서먼, 설교, 잔소리, 장광설	명	sermon [sə́:rmən]

12	우	우회로, 보조도로 ; 우회하다, 회피하다, 무시하다	명	bypass [báipæ̀s]
13	러	러쁠, 주름살이 지게 하다, 물결을 일으키다, 어지럽히다	동	ruffle [rʌ́f-əl]
14	러	러쁠, 주름살이 지게 하다, 물결을 일으키다, 어지럽히다	동	ruffle [rʌ́f-əl]
15	볼	볼러타일, 발러틸, 휘발성의, 폭발하기 쉬운, 격하기 쉬운	형	volatile [vɔ́lətàil / vάlətil]
16	수	수-버니어, 기념품, 선물, 유물	명	souvenir [sù:vəníə:r]
17	록	록키, 암석이 많은, 바위로 된, 바위 같은, 튼튼한	형	rocky [rɔ́ki / rάki]
18	높	높여진, 높은, 숭고한, 고결한, 고상한	형	elevated [éləvèitid]
19	아	아너러블, 명예로운, 명예 있는, 존경할만한, 훌륭한	형	honorable [άnərəbəl]
20	만	만어크, 마너크, 군주, 주권자, 제왕	명	monarch [mάnərk / mɔ́n-]
21	지	지형, 지세, 지대, 지역	명	terrain [təréin]
22	네	네글리저블, 무시해도 좋은, 하찮은, 무가치한, 사소한	형	negligible [néglidʒəbəl]
23	참	참잉, 차밍, 매력적인, 아름다운, 호감이 가는, 즐거운	형	charming [tʃά:rmiŋ]

24	되	데디케이티드, 일신을 바친, 헌신적인	형	dedicated [dédikèitid]
25	거	거쉬, 용솟음쳐 나옴, 내뿜음, 분출 ; 분출하다, 세차게 흘러나오다		gush [gʌʃ]
26	라	라우트, 참패, 패주, 혼란한 군중, 오합지졸	명	rout [raut]
27	바	바이탤러티, 생명력, 활력, 체력, 생활력, 활기, 원기, 생기	명	vitality [vaitǽləti]
28	르	으슴푸레한, 흐릿한, 안개 낀, 안개 짙은, 모호한	형	hazy [héizi]
29	거	거쉬, 용솟음쳐 나옴, 내뿜음, 분출 ; 분출하다, 세차게 흘러나오다	명	gush [gʌʃ]
30	라	라우트, 참패, 패주, 혼란한 군중, 오합지졸	명	rout [raut]
31	가	가설, 가정, 전제, 단순한 추측	명	hypothesis [haipάθəsis]
32	르	러스티, 녹슨, 녹이 난, 색이 바랜, 낡은, 구식의	형	rusty [rʌ́sti]
33	쳐	처클, 낄낄 웃다, (혼자서) 기뻐하다	동	chuckle [tʃʌ́kl]
34	주	주디셜, 사법의, 재판상의, 재판소의, 공정한	형	judicial [dʒuːdíʃəl]
35	신	신익, 시닉, 경치의, 경치가 좋은, 그림 같은, 생생한	형	scenic [síːnik, sén-]

36	스	스깨어스, 부족한, 적은, 결핍한, 드문, 희귀한	형	scarce [skɛəːrs]
37	승	승인하다, 동의하다, 허가하다 ; 동의, 허가, 승낙, 일치	동	consent [kənsént]
38	은	은밀한, 내밀한, 기밀의, 신임이 두터운	형	confidential [kɑ̀nfidénʃəl]
39	마	마드레잇, 삼가는, 절제하는, 알맞은, 적당한	형	moderate [mɑ́-d-ərèit / mɔ́d-]
40	음	음절, 한마디 ; 음절로 나누다	명	syllable [síləbbəl]
41	의	의협의, 기사의, 기사적인, 무용의	형	chivalrous [ʃívəlrəs]
42	이	어-번, 도시의, 도회지에 있는, 도회지에 사는, 노회풍의	형	urban [ə́ːrbən]
43	버	버-든, 무거운 짐, 부담, 걱정, 괴로움	명	burden [bə́ːrdn]
44	이	이븐 이쁘 = 이븐 도우, 비록 ~할지라도, 비록 ~라(고) 하더라도		even if = even though
45	시	시그너빠이, 의미하다, 뜻하다, 표시하다, 나타내다	동	signify [sígnəfài]
46	다	다이얼렉트, 방언, 지방 사투리	명	dialect [dáiəlèkt]
47	아	아키텍, 건축가, 건축기사, 설계사, 건설자	명	architect [ɑ́ːrkitèkt]

48	아	아키텍, 건축가, 건축기사, 설계사, 건설자	명	architect [ɑ́ːrkitèkt]
49	고	고별의, 결별의 ; 작별, 고별, 고별사	형	farewell [fὲərwél]
50	마	마뉴먼트, 기념비, 기념 건조물, 기념탑	명	monument [mάnjəmənt]
51	워	워드, 보호, 감독, 감시, 억류, 연금, 병실, 병동	명	ward [wɔːrd]
52	라	라우트, 참패, 패주, 혼란한 군중, 오합지졸	명	rout [raut]
53	스	스깨어스, 부족한, 적은, 결핍한, 드문, 희귀한	형	scarce [skεəːrs]
54	승	승인하다, 동의하다, 허가하다 ; 동의, 허가, 승낙, 일치	동	consent [kənsént]
55	의	의무, 책임, 책무, 의리	명	obligation [ὰbləgéiʃən]
56	사	사브, 소브, 흐느껴 울다, 흐느끼다	동	sob [sɑb / sɔb]
57	랑	앙심, 원한, 악의, 심술	명	spite [spait]
58	아	아키텍, 건축가, 건축기사, 설계사, 건설자	명	architect [ɑ́ːrkitèkt]
59	아	아키텍, 건축가, 건축기사, 설계사, 건설자	명	architect [ɑ́ːrkitèkt]

60	보	보이드, 빈, 공허한, 없는, 결핍한, 무효의	형	void [vɔid]
61	답	답사하다, 탐험하다, 탐구하다, 조사하다	동	explore [iksplɔ́:r]
62	하	하찮은, 대단치 않은, 평범한, 일상의, 사소한	형	trivial [tríviəl]
63	리	리디임, 되찾다, 도로 찾다, 회복하다, 벌충하다	동	redeem [ridí:m]
64	스	스깨어스, 부족한, 적은, 결핍한, 드문, 희귀한	형	scarce [skεə:rs]
65	승	승인하다, 동의하다, 허가하다 ; 동의, 허가, 승낙, 일치	동	consent [kənsént]
66	의	의무, 채인, 책무, 의리	명	obligation [ɑ̀bləgéiʃən]
67	은	은밀한, 내밀한, 기밀의, 신임이 두터운	형	confidential [kɑ̀nfidénʃəl]
68	혜	혜안, 총명, 날카로운 통찰력, 예민	명	acumen [əkjú:mən, ǽkjə-]

16 당신은 사랑받기 위해 태어난 사람

1	당	당연히, 정당하게, 올바르게	부	properly [prápərli]
2	신	신드롬, 증후군, 일련의 징후	명	syndrome [síndroum, -drəm]
3	은	언락, 자물쇠를 열다, 털어놓다, 누설하다	동	unlock [ʌnlák / -lɔ́k]
4	사	사이언티픽, 과학의, 과학적인, 정확한	형	scientific [sàiəntífik]
5	랑	앙코르, 재청, 앙코르, 재연주	명	encore [áŋkɔ:r]
6	받	받아들이다, 수락하다, 수납하다	동	accept [æksépt]
7	기	기브 업, 단념하다, 포기하다		give up
8	위	위더, 시들다, 이울다, 말라죽다, 말라죽게 하다	동	wither [wíðə:r]
9	해	해치, (알을) 까다, 부화시키다	동	hatch [hætʃ]
10	태	태클, 달려들다, 달라붙다,	동	tackle [tǽk-əl]
11	어	어취브, 이룩하다, 성취하다	동	achieve [ətʃí:v]

12	난	난픽션, 소설이 아닌 산문문학 (전기 · 역사 · 탐험기록 등)	명	nonfiction [nanfíkʃ-ən]
13	사	사나운, 잔인한, 모진, 지독한 ; a ferocious appetite 굉장한 식욕	형	ferocious [fəróuʃəs]
14	람	암흑, 우울, 어둠, 어둑어둑함	명	gloom [glu:m]
15	당	당당한, 위엄 있는, 장엄한, 웅대한	형	majestic [mədʒéstik]
16	신	신경, 신경조직, 용기, 냉정	명	nerve [nə:rv]
17	의	의도적으로, 일부러, 고의로		by design
18	삼	삼삼한, 기억이 선명한, 생생한	형	vivid [vívid]
19	속	속속, 하나씩, 차례차례		one after another
20	에	에퍽, 시대, 신기원	명	epoch [épək]
21	서	서삐션트, 충분한, 족한	형	sufficient [səfíʃənt]
22	그	그래주에이트, 졸업하다, 학위를 받다	동	graduate [grǽdʒuèit]
23	사	사브, 흐느껴 울다	동	sob [sab]

24	랑	낭송하다, 암송하다, 읊다	동	recite [risáit]
25	받	받침, 덧대는 것, 패드	명	pad [pæd]
26	고	고아, 양친이 없는 아이	명	orphan [ɔ́:rfən]
27	있	있(이)터늘, 영원한, 영구한, 불멸의, 변함없는, 끊임없는	형	eternal [itə́:rnəl]
28	지	지력, 지성, 지능, 지식인	명	intellect [íntəlèkt]
29	요	요소, 성분, 원소, 분자	명	element [éləmənt]
30	당	당시에, 그 당시에		those days
31	신	신이스터, 악의 있는, 사악한, 흉한, 불길한	형	sinister [sínistə:r]
32	은	은둔자, 수행자, 속세를 버린 사람	명	hermit [hə́:rmit]
33	사	사다, 구입하다, 구매하다, 획득하다, 손에 넣다	동	purchase [pə́:rtʃəs]
34	랑	낭설, 소문, 풍문, 풍설, 세평	명	rumor [rú:mə:r]
35	받	받은, 물려받은, 타고난, 본래의, 선천적인, 고유의	형	inherent [inhíərənt]

36	기	기글, 킥킥 웃다	동	giggle [gígəl]
37	위	위도우, 미망인, 홀어머니, 과부	명	widow [wídou]
38	해	해벅, 대황폐, 대파괴 ; 파괴하다, 선동하다	명	havoc [hǽvək]
39	태	태아, 배, 눈, 싹	명	embryo [émbriòu]
40	어	어바이드, 머무르다, 묵다, 살다, 지탱하다	동	abide [əbáid]
41	난	난커머셜, 비상업적인, 비영리적인	형	noncommercial [nɑ̀nkəmə́:rʃ-əl]
42	사	사기, 속임수, 묘기, 재수	명	trick [trik]
43	람	암드, 아암드, 무장한, 보호기관을 갖춘	형	armed [ɑ:rmd]
44	당	당당한, 정정당당한, 온당한, 공평한	형	fair [fɛər]
45	신	신용, 신뢰, 신임, 확신, 강한 기대	명	trust [trʌst]
46	의	의약, 약물, 의학	명	medicine [médəs-ən]
47	삶	삼매경, 집중, 전념, 전심	명	concentration [kɑ̀nsəntréiʃən]

48	속	속이다, 기만하다, 배반하다	동	deceive [disíːv]
49	에	에디터, 편집자, 신문의 주필, 논설위원	명	editor [édətər]
50	서	서포우즈, 상상하다, 가정하다, 만약 ~라면	동	suppose [səpóuz]
51	그	그레이브, 무덤, 분묘, 묘비	명	grave [greiv]
52	사	사심의, 이기적인, 자기 본위의	형	selfish [sélfiʃ]
53	랑	낭만적, 로맨틱한, 공상 소설적인	형	romantic [roumǽntik]
54	받	받아들일 수 있는, 견딜 수 있는, 조건에 맞는	형	acceptable [ækséptəbəl]
55	고	고우 뜨루, 고난을 경험하다, 관통하다		go through
56	있	이혼, 분리, 절연, 분열	명	divorce [divɔ́ːrs]
57	지	지각하다, 감지하다, 눈치 채다, 인식하다	동	perceive [pərsíːv]
58	요	요새화하다, 튼튼히 하다, 강하게 하다	동	fortify [fɔ́ːrtəfài]
59	태	태투, 문신 ; 문신을 하다	명	tattoo [tætúː]

60	초	초우크, 질식시키다, 숨 막히게 하다	동	choke [tʃouk]
61	부	부시, 관목, 키가 작은 나무, 덤불	명	bush [buʃ]
62	터	터리픽, 굉장한, 대단한, 훌륭한, 무서운	형	terrific [tərífik]
63	시	시그널, 신호, 암호, 징후, 조짐, 전조	명	signal [sígn-əl]
64	작	작전, 군사행동, 작용, 수술, 운용	명	operation [àpəréiʃən]
65	된	덴스, 그렇기 때문에, 거기서부터, 그때부터	부	thence [ðens]
66	하	하이브, 꿀벌의 집, 벌통	명	hive [haiv]
67	나	나블티, 노블티, 신기함, 진기함, 새로움	명	novelty [nάv-əlti / nɔ́v-]
68	님	임프루브, 향상시키다, 개량하다, 개선하다	동	improve [imprúːv]
69	의	의지, 유언, 유서	명	will [wil]
70	사	사실상, 실제로, 사실은	부	actually [ǽktʃuəli]
71	랑	앙금, 침전물 ; 가라앉히다, 침전시키다, 맡기다	명	deposit [dipάzit]

72	은	언베러블, 참을 수 없는, 견딜 수 없는	형	**unbearable** [ʌnbέərəbəl]
73	우	우울한, 울적한, 침울한, 어두운, 음울한	형	**gloomy** [glúːmi]
74	리	리마크, 주목하다, 알아차리다, 말하다, 의견을 말하다	동	**remark** [rimάːrk]
75	의	의지하다, 의존하다, 믿다, 신뢰하다	동	**depend** [dipénd]
76	만	만어스테리, 마너스테리, 수도원	명	**monastery** [mάnəstèri]
77	남	남다, 살아남다, 생존하다	동	**survive** [sərváiv]
78	을	얼라우, 허락하다, 허가하다, 인정하다	동	**allow** [əláu]
79	통	통역하다, 해석하다, 설명하다	동	**interpret** [intə́ːrprit]
80	해	해먹, 달아매는 침대	명	**hammock** [hǽmək]
81	열	열, 발열, 열병, 열중, 열광, 흥분	명	**fever** [fíːvər]
82	매	매직, 마술, 주술 ; 마법의, 마법과 같은	명	**magic** [mǽdʒik]
83	를	얼터너티브, 대안, 다른 방도	명	**alternative** [ɔːltə́ːrnətiv]

84	맺	맺다, 결론을 내다, 마치다, 끝내다, 종결하다	동	conclude [kənklú:d]
85	고	고우 위다웃 세잉, 물론이다, 말할 것도 없다		go without saying~
86	당	당장, 즉석에서, 그 자리에서		on the spot
87	신	신뢰, 신앙, 신용, 신념	명	belief [bilí:f, bə-]
88	이	이퀘이터, 적도, 주야 평분선(平分線)	명	equator [ikwéitər]
89	이	이스테이트, 토지, 사유지, 재산	명	estate [istéit]
90	세	세이크리드, 신성한 신에게 바치는	형	sacred [séikrid]
91	상	상기하다, 생각나게 하다	동	recall [rikɔ́:l]
92	에	에너제틱, 정력적인, 원기 왕성한, 활동적인	형	energetic [ènərdʒétik]
93	존	존, 지대, 지역, 지구	명	zone [zoun]
94	재	재난, 재해, 천재, 참사, 흉사, 큰 불행, 대 실패	명	disaster [dizǽstər]
95	함	함리스, 해가 없는, 무해한, 악의 없는, 순진한	형	harmless [há:rmlis]

96	어	어뮤즈, 즐겁게 하다, 재미나게 하다	동	**amuse** [əmjú:z]
97	로	로우터리, 회전하는, 선회하는, 회전식의	형	**rotary** [róutəri]
98	인	인디펜던트, 독립의, 자주의, 자치의, 독자적인	형	**independent** [ìndipéndənt]
99	해	해프닝, 일, 사건, 사고, 해프닝(쇼)	명	**happening** [hǽpəniŋ]
100	우	우울, 침울, 불경기, 의기소침	명	**depression** [dipréʃən]
101	리	리듀스, 줄이다, 축소하다	동	**reduce** [ridjú:s]
102	에	에티켓, 예절, 예법	명	**etiquette** [étikèt]
103	게	게일리, 쾌활하게, 유쾌하게, 화려하게	부	**gaily** [géili]
104	얼	얼로이, 합금, 순도	명	**alloy** [ǽlɔi, ælɔ́i]
105	마	마이그레이트, 이주하다, 이동하다	동	**migrate** [máigreit]
106	나	나긋나긋한, 휘기 쉬운, 유연성이 있는, 구부리기 쉬운, 융통성 있는	형	**flexible** [fléksəbəl]
107	큰	큰소리 지르다, 고함치다, 소리 지르다	동	**yell** [jel]

108	기	기브 라이즈 투, ~을 일으키다, 야기시키다		give rise to ~
109	뻠	뻠리, 뻐엄리. 굳게, 단단히, 견고하게, 단호하게	부	firmly [fə́:rmli]
110	이	이븐, 평평한, 평탄한, 고른	형	even [í:vən]
111	되	되돌아가다, 거슬러 올라가다		go back to ~
112	는	언더월드, 저승, 황천, 지하세계	명	underworld [ʌ́ndərwə̀:rld]
113	지	(몹시) 지독한, 몹시 불쾌한, 무서운, 두려운	형	dreadful [drédfəl]
114	낭	당연한, 타고난, 천부의, 자연의	형	natural [nǽtʃərəl]
115	신	신속한, 빠른, 재빠른	형	rapid [rǽpid]
116	은	언아큐파이드, 임자 없는, 사람이 살고 있지 않는, 점거되지 않은	형	unoccupied [ʌnákjəpàid]
117	사	사이컬라지컬, 심리의, 심리학상의	형	psychological [sàikəládʒikəl]
118	랑	낭비벽이 있는, 돈을 함부로 쓰는, 지나친, 터무니없는, 엄청난	형	extravagant [ikstrǽvəgənt]
119	받	A를 B로 받아들이다		take A as B

120	기	기브 앤 테이크, 주고받기, 교환, 타협	명	give-and-take	[gívəntéik]
121	위	위슬, 휘파람, 호각, 신호	명	whistle	[*h*wís-əl]
122	해	해비탯, 서식지, 거주지	명	habitat	[hǽbətæ̀t]
123	태	태동하는, 다가오는, 곧 나려고 하는, 나타나려고 하는 ; 출현, 접근	형	forthcoming	[fɔ̀ːrθkʌ́miŋ]
124	어	어커스텀, 익숙케 하다, 습관이 들게 하다	동	accustom	[əkʌ́stəm]
125	난	난센스, 황당한, 터무니없는, 무의미, 허튼말	형	nonsense	[nάnsens]
126	사	사이드 이펙트, 부작용(약물 따위의)		side effect	
127	람	암체어, 안락의자	명	armchair	[ά:*r*mtʃɛ̀ə*r*]
128	지	지위, 위치, 처지, 입장	명	position	[pəzíʃən]
129	금	금속, 금속원소	명	metal	[métl]
130	도	도우즈, 졸다, 선잠자다 ; 졸음, 선잠	동	doze	[douz]
131	그	그리드, 탐욕, 욕심	명	greed	[griːd]

132	사	사이트-시, 유람하다, 관광하다	동	sight-see [sait-siː]
133	랑	앙갚음, 보복, 복수, 분풀이	명	revenge [rivéndʒ]
134	받	받아쓰기, 구술, 명령, 지시, 지령	명	dictation [diktéiʃən]
135	고	고스틀리, 유령의, 그림자 같은, 희미한	형	ghostly [góustli]
136	있	이슬, 이슬방울	명	dew [djuː]
137	지	지어, 조롱, 야유, 조소	명	jeer [dʒiər]
138	요	요람, 소아용 침대	명	cradle [kréidl]

Part Ⅲ

노래가사 첫말잇기로 자동암기

국민 애창동요 (1)

순서

17. 엄마가 섬 그늘에 ······ 126

18. 사과 같은 내 얼굴 ······ 130

19. 고요한 밤 거룩한 밤 ······ 133

20. 과수원길 ······ 137

21. 어린이날 노래 ······ 144

22. 솜사탕 ······ 148

17 엄마가 섬 그늘에

1	엄	엄격히, 엄밀히, 엄하게, 정밀하게	부	strictly [stríktli]
2	마	마뉴먼트, 기념비, 기념물, 기념탑	명	monument [mánjəmənt]
3	가	가로막다, 저지하다, 훼방 놓다, 중단시키다	동	interrupt [ìntərʌ́pt]
4	섬	섬머라이즈, 요약하여 말하다, 요약하다, 개괄하다	동	summarize [sʌ́məràiz]
5	그	그랜저, 웅대, 장엄, 화려, 위대	명	grandeur [grǽndʒər]
6	늘	늘, 항상		all the time
7	에	에디트, 편집하다, 손질하다, 교정하다	동	edit [édit]
8	굴	굴복시키다, 복종시키다, 따르게 하다, 제출하다	동	submit [səbmít]
9	따	따분한, 지루한, 한결같은, 변화 없는, 단조로운	형	monotonous [mənátənəs]
10	러	러브, 문지르다, 비비다, 마찰하다	동	rub [rʌb]
11	가	가드닝, 원예술, 조원술	명	gardening [gá:rdniŋ]

12	면	(의무 등의) 면적, 공제	명	exemption [igzémpʃən]
13	아	아웃스탠딩, 걸출한, 눈에 띄는, 현저한, 주목할 만한	형	outstanding [àutstǽndiŋ]
14	기	기브 오프, ~를 방출하다, 발산하다		give off
15	가	가십, 잡담, 한담, 세상이야기	명	gossip [gάsip / gɔ́s-]
16	혼	혼, 영혼, 정신, 영, 마음	명	spirit [spírit]
17	자	자, 항아리, 단지	명	jar [dʒɑːr]
18	넘	남용하다, 오용하다, 악용하다, 학대하다	동	abuse [əbjúːz]
19	아	아웃 어브 사이트, 보이지 않는, 멀리 떨어진		out of sight
20	집	집, 지퍼로 잠그다	동	zip [zip]
21	을	얼러트, 방심 않는, 정신을 바짝 차린, 민첩한	형	alert [əlɔ́ːrt]
22	보	보우트, 투표, 표결	명	vote [vout]
23	다	다지, 홱 몸을 피하다, 살짝 비키다	동	dodge [dɑdʒ/ dɔdʒ]

번호	첫 말	뜻	품사	단어	발음
24	가	가디언, 감시인, 관리자, 보호자	명	**guardian**	[gɑ́:rdiən]
25	바	바이틀, 생명의, 절대 필요한, 생생한, 생기 넘치는	형	**vital**	[váitl]
26	다	다르다, 의견이 다르다, 틀리다	동	**differ**	[dífər]
27	가	가븐, 통치하다, 다스리다, 억제하다	동	**govern**	[gʌ́vərn]
28	불	불릿, 탄알, 권총 탄알	명	**bullet**	[búlit]
29	러	러기지, 여행용가방	명	**luggage**	[lʌ́gidʒ]
30	주	주리다, 굶주리다, 배고프다, 굶어 죽다	동	**starve**	[stɑ:rv]
31	는	언더스탠딩, 이해, 깨달음, 납득	명	**understanding**	[ʌ̀ndərstǽndiŋ]
32	자	자부심, 자만, 자기 과대평가	명	**conceit**	[kənsí:t]
33	장	장치, 기계, 기구, 몸의 기관	명	**apparatus**	[æ̀pəréitəs]
34	노	노멀, 정상의, 보통의, 표준적인, 정규의	형	**normal**	[nɔ́:rm-əl]
35	래	래셔늘, 이성적인, 합리적인, 온당한, 도리에 맞는	형	**rational**	[rǽʃ-ənl]

36	에	에니웨이, 어쨌든, 하여튼	부	anyway [éniwèi]
37	팔	팔러시, 정책, 방침, 방책, 수단	명	policy [páləsi]
38	베	베일, 면사포, 덮개, 장막, 씌우개, 가면, 구실	명	veil [veil]
39	고	고객, 손님, 단골, 거래처	명	customer [kʌ́stəmər]
40	스	스마트, 날렵한, 재빠른	형	smart [smɑːrt]
41	르	러기드, 울퉁불퉁한, 소박한, 조야한	형	rugged [rʌ́gid]
42	르	러기드, 울퉁불퉁한, 소박한, 조야한	형	rugged [rʌ́gid]
43	르	러기드, 울퉁불퉁한, 소박한, 조야한	형	rugged [rʌ́gid]
44	잠	잠그다, 묶다, 동이다, 죄다, 고정하다	동	fasten [fǽsn]
45	이	이모우셔늘, 감정의, 감정적인, 정서적인, 감정에 호소하는	명	emotional [imóuʃənəl]
46	틉	드러매틱, 극적인, 연극의, 인상적인	형	dramatic [drəmǽtik]
47	니	니일, 무릎을 굻다, 무릎을 꿇고 기도하다, 굴복하다	동	kneel [niːl]
48	다	다루다, 처리하다, 관계하다		deal with ~

18 사과 같은 내 얼굴

1	사	사이뮬테이너슬리, 동시에, 일제히, 같은 때에	부	**simultaneously** [sàim-əltéiniəsli]
2	과	과격한, 급진적인, 근본적인, 기본적인	형	**radical** [rǽdik-əl]
3	같	같은, 서로 같은, 마찬가지의	형	**alike** [əláik]
4	은	언빌리프, 불신, 의혹, 불신앙	명	**unbelief** [ʌ̀nbilíːf]
5	내	내비게이션, 운항, 항해, 항해술	명	**navigation** [næ̀vəgéiʃən]
6	얼	얼랏, 할당하다, 분배하다, 충당하다	동	**allot** [əlάt]
7	굴	굴, 조개류	명	**oyster** [ɔ́istər]
8	예	예상하다, 예측하다, (날씨를) 예보하다 ; 예상, 예측	동	**forecast** [fɔ́ːrkæ̀st]
9	쁘	쁘런티어, 국경, 국경지방 변경, 미개척 분야	명	**frontier** [frʌntíəːr]
10	기	기도하다, 간원하다, 빌다	동	**pray** [prei]
11	도	도어웨이, 문간, 출입구	명	**doorway** [dɔ́ːrwèi]

12	하	하뜰리, 마음으로부터, 열의를 갖고, 진심으로	부	heartily [há:rtili]
13	지	지인, 유전자, 유전인자, 게놈	명	gene [ʤi:n]
14	요	요크, 멍에, 속박, 지배, 인연	명	yoke [jouk]
15	눈	눈부신, 빛나는, 화려한, 멋진, 근사한	형	splendid [spléndid]
16	도	도미년, 지배, 주권, 통제, 영토	명	dominion [dəmínjən]
17	반	반드, 본드, 묶는 것, 끈, 유대, 맺음, 인연	명	bond [bɑnd / bɔnd]
18	짝	짝, 상대, 동료, 친구, 배우자	명	mate [meit]
19	코	코욱스, 감언이설로 설득하다, 어르다, 달래다, 꾀다	동	coax [kouks]
20	도	도그매틱, 독단적인, 고압적인, 교리적인	형	dogmatic [dɔ(:)gmǽtik]
21	반	반드, 본드, 묶는 것, 끈, 유대, 맺음, 인연	명	bond [bɑnd / bɔnd]
22	짝	짝, 상대, 동료, 친구, 배우자	명	mate [meit]
23	입	입구, 출입구, 입장	명	entrance [éntrəns]

24	도	**도그매틱**, 독단적인, 고압적인, 교리적인	형	**dogmatic** [dɔ(:)gmǽtik]
25	반	**반드**, **본드**, 묶는 것, 끈, 유대, 맺음, 인연	명	**bond** [band / bɔnd]
26	짝	짝, 상대, 동료, 친구, 배우자	명	**mate** [meit]
27	반	**반드**, **본드**, 묶는 것, 끈, 유대, 맺음, 인연	명	**bond** [band / bɔnd]
28	짝	짝, 상대, 동료, 친구, 배우자	명	**mate** [meit]

19 고요한 밤 거룩한 밤

1	고	고우 위드, ~와 어울리다		go with ~
2	요	요람, 편람, 목록, 일람표	명	catalog [kǽtəlɔ̀:g, -lɑ̀g / -lɔ̀g]
3	한	한량없는, 무한한, 무수한, 막대한	형	infinite [ínfənit]
4	밤	밤배스트, 호언장담, 과장된 말 ; 과장된, 과대한	명	bombast [bάmbæst]
5	거	거글, (물 따위가) 콸콸 흐르다	동	gurgle [gə́:rgəl]
6	루	루키, 루키, 신인선수, 신참, 신병, 신출내기	명	rookie, rooky [rúki]
7	한	한창, 전성기 ; 첫째의, 수위의	명	prime [praim]
8	밤	밤배스트, 호언장담, 과장된 말 ; 과장된, 과대한	명	bombast [bάmbæst]
9	어	어노이, 괴롭히다, 귀찮게 굴다, 성가시게 굴다, 속태우다	동	annoy [ənɔ́i]
10	둠	둠, 두움, 운명, 숙명, 불운, 파멸, 죽음	명	doom [du:m]
11	에	에주케이셔늘, 교육의, 교육상의, 교육에 관한, 교육적인	형	educational [èdʒukéiʃənəl]

12	묻	묻다, 덮다, 매장하다	동	bury [béri]
13	힌	힌트, 암시, 넌지시 알림, 낌새	명	hint [hint]
14	밤	밤배스트, 호언장담, 과장된 말 ; 과장된, 과대한	명	bombast [bámbæst]
15	주	주. 동물원	명	zoo [zuː]
16	의	의무, 책임, 책무, 부담	명	responsibility [rispànsəbíləti]
17	부	부가, 추가, 덧셈	명	addition [ədíʃən]
18	모	모운, 신음소리, 끙끙대기, 슬퍼함, 비탄 ; 신음하다, 슬퍼하다	명	moan [moun]
19	앉	앉다, 자리 잡다		take a seat
20	아	아웃풋, 산출, 생산, 생산물, 출력	명	output [áutpùt]
21	서	서빠이스, 족하다, 충분하다, 만족시키다	동	suffice [səfáis]
22	감	감내하다, 참다, 인내하다		put up with
23	사	사일런틀리, 잠자코, 조용히	부	silently [sáiləntli]

24	기	기브 뽀뜨, (소리 따위를) 내다, 발하다, 발표하다, 퍼뜨리다		give forth
25	도	도륙하다, 대량학살하다, 몰살시키다 ; 대량학살	동	massacre [mǽsəkəːr]
26	드	드웰, 살다, 거주하다, 머무르다	동	dwell [dwel]
27	릴	릴, 얼레, 물레	명	reel [riːl]
28	때	때우다, 대신하다, 치환하다, 대리케 하다, 바꾸다	동	substitute [sʌ́bstitjùːt]
29	아	아크, 호, 궁형	명	arc [ɑːrk]
30	기	기브 인, 제출하다, 건네다, 양보하다, 굴복하다		give in ~
31	잘	잘못하다, 실수하다		make a mistake
32	도	도먼트, 잠자는, 동면의, 잠복의, 휴지한, 휴면의	형	dormant [dɔ́ːrmənt]
33	잔	잔잔한, 고요한, 조용한, 침착한	형	calm [kɑːm]
34	다	다이버트, 돌리다, 전환하다, 전용하다	동	divert [daivə́ːrt]
35	아	아크, 호, 궁형	명	arc [ɑːrk]

36	기	기브 인, 제출하다, 건네다, 양보하다, 굴복하다		give in ~
37	잘	잘못하다, 실수하다		make a mistake
38	도	도먼트, 잠자는, 동면의, 잠복의, 휴지한, 휴면의	형	dormant [dɔ́ːrmənt]
39	잔	잔잔한, 고요한, 조용한,	형	calm [kɑːm]
40	다	다이버트, 돌리다, 전환하다, 전용하다	동	divert [daivə́ːrt]

20 과수원 길

1	동	(구조 · 기능 등이) 동일하다, 같다, 상당하다, 대응하다	동	correspond [kɔ̀:rəspánd]
2	구	구두쇠, 노랑이, 수전노	명	miser [máizər]
3	박	박크, 바크, 짖다, 고함치다	동	bark [ba:rk]
4	과	과세, 징세, 세제, 조세, 세수입	명	taxation [tækséiʃ-ən]
5	수	수 –, 고소하다, 소송을 제기하다	동	sue [su:]
6	원	원팅, 부족한, 결핍한, 모자라는	형	wanting [wɔ́(:)ntiŋ, wánt]
7	길	길티, 유죄의, ~의 죄를 범한	형	guilty [gílti]
8	아	아이설레이션, 고립, 고독, 격리, 분리, 차단	명	isolation [àisəléiʃən]
9	카	카본, 탄소, 탄소봉	명	carbon [ká:rbən]
10	시	시사이드, 해변의, 바닷가의	형	seaside [sí:sàid]
11	아	아일, 섬, 작은 섬	명	isle [ail]

12	꽃	꽃봉오리, 싹, 눈, 발아	명	**bud** [bʌd]
13	이	이거, 열망하는, 간절히 바라는	형	**eager** [íːgər]
14	활	활동, 활약, 행동, 활기	명	**activity** [æktívəti]
15	짝	짝이 없는, 외짝의, 기수의, 여분의, 모자라는	형	**odd** [ɑd]
16	피	피큐울러, 독특한, 고유의, 특이한, 특별한, 두드러진	형	**peculiar** [pikjúːljər]
17	엇	엇모우스트, 최대한도의, 최고도의, 극도의, 극단의	형	**utmost** [ʌ́tmòust]
18	네	네이즐, 코의, 콧소리의, 비음의	형	**nasal** [néizəl]
19	하	하안트, 괴롭히다, 따라다니다, 출몰하다	동	**haunt** [hɑːnt, hɔːnt]
20	얀	얀, 하품하다, 입을 크게 벌리다	동	**yawn** [jɔːn]
21	꽃	꽃, 개화, 만발, 개화기, 전성기	명	**blossom** [blɑ́səm]
22	이	이즈, 안락, 평안, 안심	명	**ease** [iːz]
23	파	파일, 쌓아 올린 것, 더미, 대량	명	**pile** [pail]

24	리	리즈닝, 추론, 추리, 추리력, 논거, 증명	명	reasoning [ríːz-əniŋ]
25	눈	눈꼴사나운, 불쾌한, 무례한, 마음에 걸리는	형	offensive [əfénsiv]
26	송	송두리째, 철저히, 완전히, 충분히, 완벽히, 면밀히	부	thoroughly [θə́ːrouli]
27	이	이로우니어스, 잘못된, 틀린	형	erroneous [iróuniəs]
28	처	처치야드, 묘지, 교회부속 뜰	명	churchyard [tʃəːrtʃ-jàːrd]
29	럼	엄격한, 엄한, 엄밀한, 정밀한, 순전한	형	strict [strikt]
30	닐	날조하다, 위조하다, 모조하다, (결점을) 숨기다	동	fake [feik]
31	리	리퀴드, 액체, 유동체 ; 액체의, 유동체의	명	liquid [líkwid]
32	네	네이티브, 출생지의, 자기나라의, 원주민	형	native [néitiv]
33	향	향기, 향료, 방향, 향수	명	perfume [pə́ːrfjuːm]
34	긋	긋다, 그리다, 묘사하다	동	draw [drɔː]
35	한	한 조각의, 단편의, 한편의		a piece of ~

Part Ⅲ 국민 애창동요 ①

36	꽃	꽃, 꽃의 만발, 개화기	명	**bloom** [blu:m]
37	냄	냄새 맡다, 냄새를 느끼다 ; 냄새	동	**smell** [smel]
38	새	새너터리, 위생의, 위생상의, 보건상의, 위생적인	형	**sanitary** [sǽnətèri / -t-əri]
39	가	가비지, 찌꺼기, 부엌쓰레기	명	**garbage** [gá:rbidʒ]
40	실	실패, 불이행, 태만, 부족, 결핍	명	**failure** [féiljər]
41	바	바우을, 창자, 내장, 결장, 내부	명	**bowel** [báuəl]
42	람	암기하다, 외우다		**learn by heart**
43	타	타이드, 조수, 조류, 시세, 경향, 형세	명	**tide** [taid]
44	고	고문, 심한 고통, 고뇌, 고민	명	**torture** [tɔ́:rtʃə:r]
45	솔	솔브, 풀다, 해결하다, 설명하다	동	**solve** [sɑlv]
46	솔	솔리튜드, 고독, 외로움, 홀로 삶, 쓸쓸한 곳, 벽지	명	**solitude** [sɔ́litjù:d / sɑl]
47	둘	둘러싸다, 에워싸다, 포위하다, 에두르다	동	**surround** [səráund]

48	이	**이스테블리쉬**, 설치하다, 창립하다	동	**establish** [istǽbliʃ]
49	서	**서포트**, 지탱하다, 버티다, 떠받치다	동	**support** [səpɔ́ːrt]
50	말	**말소하다**, 지우다, 말살하다, 삭제하다	동	**erase** [iréis / iréiz]
51	이	**이블**, 나쁜, 사악한 ; 악, 사악	형	**evil** [íːvəl]
52	없	**없(업)시큐어**, 어두운, 어두컴컴한, 불분명한, 모호한	형	**obscure** [əbskjúər]
53	네	**네서세럴리**, 반드시, 필연적으로, 부득이	부	**necessarily** [nèsəsérəli]
54	일	**얼라인먼트**, 일렬정렬, 일직선, 정렬, 정돈	명	**alignment** [əláinmənt]
55	굴	**굴러가다**, 구르다, 회전하다	동	**roll** [roul]
56	마	**마크트**, 명료한, 두드러진, 저명한	형	**marked** [mɑːrkt]
57	주	**주얼**, 보석, 보옥, 귀중품	명	**jewel** [dʒúːəl]
58	보	**보케이션**, 직업, 생업, 장사, 일	명	**vocation** [voukéiʃən]
59	며	**며느리**	명	**daughter-in-law** [dɔ́ːtərinlɔ̀ː]

60	생	생각나다, 떠오르다		come to mind
61	긋	긋다, 줄을 긋다, 그리다, 그만두다, 제도하다	동	draw [drɔ:]
62	아	아티클, 기사, 논설, 조항, 물건, 물품	명	article [ά:rtikl]
63	카	카니발, 카너블, 사육제, 행사, 축제, 제전	명	carnival [ká:rnəvəl]
64	시	시니어, 손위의, 연상의	형	senior [sí:njər]
65	아	아이설레이트, 고립시키다, 격리시키다	동	isolate [áisəlèit]
66	꽃	꽃가루받이, 수분(작용)	명	pollination [pάlənèi-ʃən]
67	하	하이라키, 계급제도, 성직자 계급 제도	명	hierarchy [háiərὰ:rki]
68	얕	얕은, 천박한, 피상적인	형	shallow [ʃǽlou]
69	게	게이, 명랑한, 즐거운, 쾌활한	형	gay [gei]
70	핀	핀치, 꼬집다, (두 손가락으로) 집다, (사이에) 끼다, 괴롭히다	동	pinch [pintʃ]
71	먼	먼, 먼 곳의, 외 딴, 희미한	형	remote [rimóut]

72	옛	옛날에는, 이전에는, 원래는	부	formerly [fɔ́:rmə:rli]
73	날	날것의, 생의, 가공하지 않은	형	raw [rɔ:]
74	에	에뻐트, 노력, 수고, 진력	명	effort [éfərt]
75	과	과정, 진행, 경과, 공정, 처리	명	process [práses]
76	수	수우퍼브, 훌륭한, 멋진, 당당한, 화려한	형	superb [su:pə́:rb]
77	원	원더링, 헤매는, 방랑하는	형	wandering [wándəriŋ]
78	길	길, 아가미, 주름, 입	명	gill [gil]

21 어린이날 노래

1	날	날랜, 빠른, 신속한, 순식간의	형	**swift** [swift]
2	아	아우터브데이트, 구식인, 시대에 뒤떨어진, 낡은	형	**out-of-date** [áutəvdéit]
3	라	라이플, 라이플총, 선조총, 소총	명	**rifle** [ráif-əl]
4	새	새크리파이스, 희생, 산 제물, 제물	명	**sacrifice** [sǽkrəfàis]
5	들	들뜬, 흐트러진, 느슨한, 야무지지 못한, 긴장이 풀린	형	**loose** [lu:s]
6	아	아이러니, 반어, 풍자, 비꼬기, 빈정댐	명	**irony** [áirəni]
7	푸	푸석푸석한, 부서지기 쉬운, (과자 따위가) 파삭파삭 소리 나는	형	**crisp** [krisp]
8	른	언어카운터블, 설명할 수 없는, 알 수 없는	형	**unaccountable** [ʌ̀nəkáuntəbəl]
9	하	하암풀, 해로운, 해가 되는	형	**harmful** [há:rmfəl]
10	늘	늘이다, 연장하다, 뻗다, 펴다	동	**extend** [iksténd]
11	을	얼로쁘트, 위에, 높이, 천국에	부	**aloft** [əlɔ́(:)ft / -lá-]

12	달	달링, 가장 사랑하는 사람, 소중한 사람	명	**darling** [dá:rliŋ]
13	려	여기다, 주목해서 보다, 주시하다	동	**regard** [rigá:rd]
14	라	라이프, 익은, 여문, 숙성한, 원숙한	형	**ripe** [raip]
15	냇	내쳐럴리, 자연히, 본래, 당연히	부	**naturally** [nætʃərəli]
16	물	물러가다, 칩거하다, 은퇴하다, 퇴직하다	동	**retire** [ritáiə:r]
17	아	아큐파이, 차지하다, 점령하다	동	**occupy** [ákjəpài]
18	푸	푸념하다, 불평하다, 한탄하다, 우는소리하다, 투덜대다	동	**complain** [kəmpléin]
19	른	언앨러시스, 어낼러시스, 분석, 분해, 해석	명	**analysis** [ənæləsis]
20	벌	벌크, 크기, 부피, 용적, 대부분	명	**bulk** [bʌlk]
21	판	판드러스, 대단히 무거운, 묵직한, 육중한, 다루기 불편한	형	**ponderous** [pándərəs]
22	을	얼레이, 가라앉히다, 누그러뜨리다, 완화하다	동	**allay** [əléi]
23	오	오비디언트, 순종하는, 유순한, 고분고분한, 말 잘 듣는	형	**obedient** [oubí:diənt]

24	월	월들리, 이 세상의, 세속적인, 속세의	형	**worldly** [wə́ːrldli]
25	은	언어베일러블, 이용할 수 없는, 뜻대로 되지 않는	형	**unavailable** [ʌ̀nəvéiləbəl]
26	푸	푸념, 불평, 불평거리	명	**complaint** [kəmpléint]
27	르	러플, 구기다, 주름지게 하다	동	**ruffle** [rʌ́f-əl]
28	구	구조, 구성, 조립	명	**structure** [strʌ́ktʃəːr]
29	나	나머니, 노미니, 지명, 임명, 추천된 사람	명	**nominee** [nàməníː]
30	우	우둔한, 무딘, 둔한, 둔감한, 활기 없는	형	**dull** [dʌl]
31	리	리이즌, 지방, 지역, 지구, 지대	명	**region** [ríːdʒ-ən]
32	들	들어 올리다, 떠 받치다		**hold up**
33	은	언퀘스쳐너블, 의심할 바 없는, 논의할 여지가 없는, 확실한	형	**unquestionable** [ʌnkwéstʃənəbəl]
34	자	자이갠틱, 거인 같은, 거대한, 방대한	형	**gigantic** [dʒaigǽntik]
35	란	란드리, 세탁물, 세탁소, 세탁실	명	**laundry** [láːndri, lɔ́ː-]

36	다	다웃, 의심, 의혹, 회의	명	doubt [daut]
37	오	오토모빌, 자동차,	명	automobile [ɔ́:təməbì:l]
38	늘	늘리다, 크게 하다, 확대하다	동	enlarge [enlá:rdʒ]
39	은	언어텐디드, 내버려둔, 보살핌을 받지 않은	형	unattended [ʌ̀nəténdid]
40	어	어콰이어, 얻다, 배우다, 취득하다	동	acquire [əkwáiər]
41	린	인본, 타고난, 천부의 , 선천성의	형	inborn [ínbɔ́:rn]
42	이	이퀄, 동등한, 같은, 적당한	형	equal [í:kwəl]
43	날	날리지, 지식, 견문, 알고 있음	명	knowledge [nálidʒ]
44	우	우연히, 우발적으로, 사고로		by chance
45	리	리스펙트, 존경하다 ; 존경, 경의 ; 점 ; in every respect 모든 점에서	동	respect [rispékt]
46	들	들러붙다, 달라붙다, 떨어지지 않다, 고착하다 ; 막대기	동	stick [stik]
47	세	세이쁘디, 안전, 무사, 무난, 무해	명	safety [séifti]
48	상	상세히, 자세히, 세세하게, 자세하게		in detail

22 솜사탕

1	나	나잇메어, 악몽, 가위눌림	명	nightmare [náitmὲəːr]
2	무	무관심, 냉담, 중요하지 않음	명	indifference [indífərəns]
3	가	가디스, 여신, 절세미인, 동경하는 여성	명	goddess [gάdis / gɔ́d-]
4	지	지적인, 지력의, 지능적인	형	intellectual [ìntəléktʃuəl]
5	에	에브, 썰물, 간조, 쇠퇴, 감퇴	명	ebb [eb]
6	실	실제의, 사실의, 현실의, 현행의	형	actual [ǽktʃuəl]
7	처	처벌, 형벌, 벌금, 벌	명	penalty [pénəlti]
8	럼	엄지손가락	명	thumb [θʌm]
9	커	커뮤너티, 단체, 공동체, 지역사회	명	community [kəmjúːnəti]
10	다	다이버지, 갈리다, 분기하다, 갈라지다, 쪼개지다	동	diverge [daivə́ːrdʒ]
11	란	난관, 걸림돌, 장애물, 방해(물)	명	obstacle [άbstəkəl]

12	솜	솜씨 좋은, 교묘한, 능란한, 기민한	형	**dexterous** [dékstərəs]
13	사	사케스딕, 빈정거리는, 비꼬는, 풍자의, 신랄한	형	**sarcastic** [sɑːrkǽstik]
14	탕	탕진하다, 다써버리다		**run out of ~**
15	하	하이드, 짐승의 가죽	명	**hide** [haid]
16	얀	얀, 실, 털실	명	**yarn** [jɑːrn]
17	눈	눈짓, 눈길, 흘긋 봄, 한번 봄, 일견 ; 흘긋 보다, 대강 훑어 보다	명	**glance** [glæns]
18	처	처녀, 아가씨, 동정녀	명	**virgin** [vəːrdʒin]
19	험	엄한, 호된, 모진, 엄격한	형	**severe** [sivíəːr]
20	희	희생자, 피해자, 조난자	명	**victim** [víktim]
21	고	고저스, 화려한, 눈부신, 호화로운	형	**gorgeous** [gɔ́ːrdʒəs]
22	도	도메인, 영지, 영토, 소유지, 토지	명	**domain** [douméin]
23	깨	깨우다, 일으키다, 불러일으키다	동	**awaken** [əwéikən]

24	끗	끝내다, 완성하다, 마무리하다, 완결하다 ; 완전한, 철저한	동	**complete** [kəmplí:t]
25	한	한결같이, 변함없이, 일정불변하게	부	**invariably** [invέəriəbli]
26	솜	솜씨 좋은, 교묘한, 능란한, 기민한	형	**dexterous** [dékstərəs]
27	사	사케스틱, 빈정거리는, 비꼬는, 풍자의, 신랄한	형	**sarcastic** [sɑ:rkǽstik]
28	탕	탕진하다, 다써버리다		**run out of ~**
29	엄	엄격한, 단호한, 피할 수 없는, 엄숙한	형	**stern** [stə:rn]
30	마	마블, 놀라운 일, 경이, 이상함, 경탄, 놀라움	명	**marvel** [mɑ́:rv-əl]
31	손	손상, 손해, 상해, 상처, 위해	명	**injury** [índʒəri]
32	잡	잡지	명	**magazine** [mæ̀gəzí:n]
33	고	고비, 위기, 갈림길, 난국, 위험기	명	**crisis** [kráisis]
34	나	나미너티브, 노미네이트, 지명의, 지정에 의한	형	**nominative** [nɑ́m-ənətiv]
35	들	들추어내다, 폭로하다, 드러내다	동	**reveal** [riví:l]

36	이	이너슨스, 무죄, 결백, 순진, 천진난만	명	innocence [ínəsns]
37	갈	갈라, 게일러, 축제, 축하	명	gala [gɑ́:lə, géilə]
38	때	때, 더럼, 얼룩, 오점 ; 더럽히다	명	stain [stein]
39	먹	먹을 것을 주다, 먹이다, 부양하다	동	feed [fi:d]
40	어	어브로드, 외국으로, 해외로, 널리	부	abroad [əbrɔ́:d]
41	본	본능, 직감, 육감, 직관, 천성	명	instinct [ínstiŋ*k*t]
42	솜	솜씨 좋은, 교묘한, 능란한, 기민한	형	dexterous [dékstərəs]
43	사	사케스딕, 빈정거리는, 비꼬는, 풍자의, 신랄한	형	sarcastic [sɑ:*r*kǽstik]
44	탕	탕진하다, 다써버리다		run out of ~
45	호	호스티지, 하스티지, 인질, 볼모, 저당물, 담보	명	hostage [hɔ́stidʒ/ hɑ́s-]
46	호	호스티지, 하스티지, 인질, 볼모, 저당물, 담보	명	hostage [hɔ́stidʒ/ hɑ́s-]
47	불	불리, 불이익, 불리한 사정, 손해	명	disadvantage [dìsədvǽntidʒ]

48	면	면도하다, 깎다, 깎아내다	동	shave [ʃeiv]
49	구	구드니스, 선량, 친절, 미덕, 우애	명	goodness [gúdnis]
50	멍	멍석, 매트, 돗자리	명	mat [mæt]
51	이	이삐션시, 능률, 능력, 유능, 유효성, 효율	명	efficiency [ifíʃənsi]
52	뚫	뚫다, 구멍을 뚫다 ; 훈련, 반복연습	동	drill [dril]
53	리	리콰이어, 요구하다, 명하다, 규정하다	동	require [rikwáiəːr]
54	는	언익스펙티드, 예기치 않은, 의외의	형	unexpected [ʌnikspéktid]
55	커	커런트, 지금의, 현재의, 통용하고 있는	형	current [kəːrənt]
56	다	다인, 정찬을 하다, 저녁식사를 하다	동	dine [dain]
57	란	안다, 포옹하다, 껴안다	동	embrace [imbréis]
58	솜	솜씨 좋은, 교묘한, 능란한, 기민한	형	dexterous [dékstərəs]
59	사	사케스틱, 빈정거리는, 비꼬는, 풍자의, 신랄한	형	sarcastic [sɑːrkǽstik]

60  탕진하다, 다써버리다 **run out of ~**

Part Ⅳ

노래가사 첫말잇기로 자동암기

국민 애창동요 (2)

순서

23. 나의 살던 고향은 1절 ······ 156
24. 나의 살던 고향은 2절 ······ 161
25. 개구리 소년 ······ 165
26. 노을 지는 강가에서 ······ 172
27. 둥근 해가 떴습니다. ······ 180
28. 아빠 힘내세요. ······ 188

23 나의 살던 고향은 1절

1	나	나이브, 천진난만한, 순진한, 때 묻지 않은, 소박한	형	naive [nɑːíːv]
2	의	의심할 여지없이, 틀림없이, 확실히	부	undoubtedly [ʌndáutidli]
3	살	살피다, 주의하다, 경계하다 ; 살짝, 은밀히, 가만히, 몰래		keep close watch
4	던	던져두다, 방치하다		lay aside
5	고	고칠 수 있는, 치료할 수 있는, 낫는	형	curable [kjúərəbəl]
6	향	향후, 앞으로, 지금부터, 금후(로는), 장차는	부	hereafter [hiəræftər]
7	은	언어텐디드, 내버려둔, 보살핌을 받지 않는, 치료를 받지 않는	형	unattended [ʌnəténdid]
8	꽃	꽃피다, 개화하다		come into flower
9	피	피티어스, 불쌍한, 슬픈, 비참한, 가엾은, 측은한, 인정 많은	형	piteous [pítiəs]
10	는	언컨서언드, 걱정하지 않는, 태연한, 무사태평한, 상관없는	형	unconcerned [ʌnkənsə́ːrnd]
11	산	산해진미의, 사치스러운, 화려한, 호화로운, 값진	형	sumptuous [sʌ́mptʃuəs]

12	골	골절, 부숨, 분쇄, 좌열, 부러짐	명	**fracture** [frǽktʃəːr]
13	복	복잡한, 까다로운, 번거로운, 알기 어려운	형	**complicated** [kámplikèitid]
14	숭	숭상할만한, 존경할만한, 훌륭한, 덕망 있는, 장엄한	형	**venerable** [vénərəbəl]
15	아	아비트레리, 아비트러리, 임의의, 멋대로의, 방자한, 독단적인	형	**arbitrary** [áːrbitrèri, -trəri]
16	꽃	꽃, 개화, 만발, 개화기 ; 꽃을 피우다, 번영하다	명	**blossom** [blásəm]
17	살	살리테리, 고독한, 외톨의, 외로운, 혼자의, 쓸쓸한, 적막한	형	**solitary** [sálitèri / sɔ́lit-əri]
18	구	구별하다, 판별하다, 식별하다, 차별하다, 차별대우하다	동	**discriminate** [diskrímənèit]
19	꽃	꽃의, 꽃 같은, 꽃무늬의, 식물의	형	**floral** [flɔ́ːrəl]
20	아	아케익, 고풍의, 고체의, 낡은	형	**archaic** [aːrkéiik]
21	기	기브 벤트 투, (노여움 따위를) 터뜨리다, 드러내다, 발산하다		**give vent to ~**
22	진	진절머리 나게 하다, 정떨어지게 하다, 넌더리나게 하다	동	**disgust** [disgʌ́st]
23	달	달리하다, 변화를 주다, 다양하게 하다, 가지각색이다	동	**vary** [vέəri]

24	래	래그, 처지다, 뒤떨어지다, 천천히 걷다, (흥미 · 관심이) 점점 줄다	동	lag [læg]
25	울	울(얼)트라바이얼릿, 자외선	명	ultraviolet [ʌ̀ltrəváiəlit]
26	긋	(비가) 긋다, 비가 멎다		hold up
27	불	불(블)너러블, 상처를 입기 쉬운, 약점이 있는,	형	vulnerable [vʌ́lnərəbəl]
28	긋	(비가) 긋다, 비가 멎다		hold up
29	꽃	꽃, 개화, 만발, 개화기 ; 꽃을 피우다, 번영하다	명	blossom [blɑ́səm]
30	대	대플, 얼룩, (말 · 사슴) 얼룩이 ; 얼룩진 ; 얼룩지게 하다	명	dapple [dǽpəl]
31	궐	궐기하다, (공통의 목적 · 주의 · 아무의 지지를 위해) 모이다	동	rally [rǽli]
32	차	차지 업, 충전하다, (경험부족 등의) 탓으로 돌리다		charge up
33	리	리드, 해방하다, 면하게 하다, 자유롭게 하다, 제거하다	동	rid [rid]
34	인	인세슨트, 끊임없는, 그칠 새 없는, 간단없는	형	incessant [insésənt]
35	동	(~을) 동반하다, 수반하다, 함께하다		be accompanied by ~

36	네	**네서세럴리**, 필연적으로, 반드시 ; 반드시 (~은 아니다)	부	**necessarily** [nèsəsérəli]
37	그	**그래터빠이**, 기쁘게 하다, 만족시키다, 채우다	동	**gratify** [grǽtəfài]
38	속	**속상하게 하다**, 짜증나게 하다, 귀찮게 하다	동	**vex** [veks]
39	에	**에더블**, 식용에 적합한, 식용의 ; 식품, 음식	형	**edible** [édəbəl]
40	서	**서브칸셔스**, 잠재의식(의), 어렴풋이 의식하고 있는	형	**subconscious** [sʌbkánʃəs]
41	놀	**놀리다**, 희롱하다, 집적거리다, 괴롭히다, 치근대다	동	**tease** [ti:z]
42	던	**던전**, 토굴 감옥, 지하 감옥, 아성 ; 지하 감옥에 가두다	명	**dungeon** [dʌ́ndʒən]
43	때	**때우다**, 대체하다, 대용하다, 대리하다, 대신하다	동	**substitute** [sʌ́bstitjù:t]
44	가	(식용의) **가금**, 새[닭]고기	명	**poultry** [póultri]
45	그	**그러지**, (주기를) 싫어하다, 아까워하다, 인색하게 굴다	동	**grudge** [grʌdʒ]
46	립	**립**, 쪼개다, 째다, 찢다, 벗겨내다	동	**rip** [rip]
47	습	**습득하다**, 손에 넣다, 획득하다, (버릇 · 기호 · 학력 등을) 몸에 익히다	동	**acquire** [əkwáiər]

48	니	니일, 닐, 무릎을 꿇다, 굴복하다	동	**kneel** [niːl]
49	다	다운라잇, 명백한, 솔직한, 노골적인, 완전한 ; 철저히, 완전히	형	**downright** [dáun-ràit]

24 나의 살던 고향은 2절

1	꽃	**꽃가루**, 화분 ; 수분하다, (꽃)가루받이하다	명	**pollen** [pálən / pɔ́l-]
2	동	(편지 따위에) **동봉하다**, 봉해 넣다, 넣다 ; 둘러싸다, 에워싸다	동	**enclose** [enklóuz]
3	네	**네뷸러스**, 성운의, 흐린, 불투명한, 애매한, 모호한	형	**nebulous** [nébjələs]
4	새	**새그**, 휘다, 처지다, 축 늘어지다, 내려앉다, 굽다, 기울다	동	**sag** [sæg]
5	동	(편지 따위에) **동봉하다**, 봉해 넣다, 넣다 ; 둘러싸다, 에워싸다	동	**enclose** [enklóuz]
6	네	**네뷸러스**, 성운의, 흐린, 불투명한, 애매한, 모호한	형	**nebulous** [nébjələs]
7	나	**나블**, 신기한(strange), 새로운, 기발한, 이상한	형	**novel** [náv-əl / nɔ́v-]
8	의	**의지**, 믿음, 신뢰	명	**reliance** [riláiəns]
9	옛	**옛날의**, 과거의, 지나간	형	**bygone** [báigɔ̀:n]
10	고	**고우 쁘람 배드 투 워스**, 더욱 더 악화되다		**go from bad to worse**
11	향	**향연**(banquet), 축제, 축연, 잔치, 대접	명	**feast** [fi:st]

12	파	파라마운트, 패러마운트, 최고의, 지상의, 주요한, 탁월한	형	paramount [pǽrəmàunt]
13	란	안이한, 태평한, 게으른, 빈둥거리는	형	easygoing [íːzigóuiŋ]
14	들	들르다, 잠깐 들르다, 불시에 방문하다		drop in
15	남	남아도는, 풍부한, 많은(plentiful)	형	abundant [əbʌ́ndənt]
16	쪽	쪽지, 표, 꼬리표,	명	tag [tæg]
17	에	에디토리얼, 사설, 논설 ; 편집의, 편집자에 관한, 사설의	명	editorial [èdətɔ́ːriəl]
18	서	서브듀-, 정복하다, 복종시키다, 진압하다, 억제하다, 가라앉히다	동	subdue [səbdjúː]
19	바	바이케리어스, 대리의, 대리를 하는, 대신하는	형	vicarious [vaikέəriəs, vi-]
20	람	람프, 롬프, 떠들며 뛰어놀기, 활발한 장난 ; 떠들썩하게 뛰놀다	명	romp [rɑmp / rɔmp]
21	이	이디어매틱, 관용적인, 관용구가 많은, 특유한	형	idiomatic [ìdiəmǽtik]
22	불	불리, 약자를 못살게 구는 사람, 마구 으스대는 사람, 골목대장	명	bully [búli]
23	면	면제하다, 감면하다, (신이 죄를) 용서하다 ; 보내다, 우송하다	동	remit [rimít]

24	냇	냇서티, 내서티, 불쾌한, 싫은, 몹시 불결한, 더러운	형	nasty [nǽsti]
25	가	가비지, 쓰레기, 음식 찌꺼기, 잔반, 폐기물	명	garbage [gɑ́ːrbidʒ]
26	에	에코우시스텀, 생태계	명	ecosystem [ékou-sìstəm]
27	수	수-사이드, 자살, 자살행위, 자살자 ; 자살하다, 자해하다	명	suicide [súːəsàid]
28	양	(길을) 양보하다, 물러나다		give way to ~
29	버	버짓, 예산, 예산안, 경비, 운영비	명	budget [bʌ́dʒit]
30	들	들판, 평지, 평야, 광야 ; 분명한, 명백한, 평이한	명	plain [plein]
31	춤	춤, 첨, 단짝, 짝 ; 사이좋게 지내다	명	chum [tʃʌm]
32	추	추-, 씹다, 깨물어 바수다, 깊이 생각하다, 심사숙고하다	동	chew [tʃuː]
33	는	넌, 수녀	명	nun [nʌn]
34	동	동향, 경향, 풍조, 추세, 성향	명	tendency [téndənsi]
35	네	네이버링, 이웃의, 인접해 있는, 인근에 있는, 가까운	형	neighboring [néibəriŋ]
36	그	그래터빠이, 기쁘게 하다, 만족시키다, 채우다	동	gratify [grǽtəfài]

37	속	**속상하게 하다**, 짜증나게 하다, 귀찮게 하다	동	**vex**	[veks]
38	에	**에더블**, 식용에 적합한, 식용의 ; 식품, 음식	형	**edible**	[édəbəl]
39	서	**서브칸셔스**, 잠재의식(의), 어렴풋이 의식하고 있는	형	**subconscious**	[sʌbkánʃəs]
40	놀	**놀리다**, 희롱하다, 집적거리다, 괴롭히다, 치근대다	동	**tease**	[ti:z]
41	던	**던즌**, 토굴 감옥, 지하 감옥, 아성 ; 지하 감옥에 가두다	명	**dungeon**	[dʌ́ndʒən]
42	때	**때우다**, 대체하다, 대용하다, 대리하다, 대신하다	동	**substitute**	[sʌ́bstitjù:t]
43	가	(식용의) **가금**, 새[닭]고기	명	**poultry**	[póultri]
44	그	**그러지**, (주기를) 싫어하다, 아까워하다, 인색하게 굴다	동	**grudge**	[grʌdʒ]
45	립	**립**, 쪼개다, 째다, 찢다, 벗겨내다, 떼어내다	동	**rip**	[rip]
46	습	**습득하다**, 손에 넣다, 획득하다, (버릇 · 기호 · 학력 등을) 몸에 익히다	동	**acquire**	[əkwáiər]
47	니	**니일**, **닐**, 무릎을 꿇다, 굴복하다	동	**kneel**	[ni:l]
48	다	**다운라잇**, 명백한, 솔직한, 노골적인, 완전한 ; 철저히, 완전히	형	**downright**	[dáun-ràit]

25 개구리 소년

1	개	개화된, 문명화한, 진보한, 계발된	형	**enlightened** [enláitnd]
2	구	구획, 칸막이, (객차 · 객선 내의) 칸막이 방, 방수격실	명	**compartment** [kəmpáːrtmənt]
3	리	리액트, 반작용하다, 되튀다, 서로 작용하다, 반응하다	동	**react** [riːǽkt]
4	소	소우-코올드, 소위, 이른 바	형	**so-called** [sóukɔ́ːld]
5	년	연속적인, 잇따른, 비약하는, (논리적으로) 모순이 없는	형	**consecutive** [kənsékjətiv]
6	개	개화된, 문명화한, 진보한, 계발된	형	**enlightened** [enláitnd]
7	구	구획, 칸막이, (객차 · 객선 내의) 칸막이 방, 방수격실	명	**compartment** [kəmpáːrtmənt]
8	리	리액트, 반작용하다, 되튀다, 서로 작용하다, 반응하다	동	**react** [riːǽkt]
9	소	소우-코올드, 소위, 이른 바	형	**so-called** [sóukɔ́ːld]
10	년	연속적인, 잇따른, 비약하는, (논리적으로) 모순이 없는	형	**consecutive** [kənsékjətiv]
11	네	네버 ~ 벗..., ~하면 반드시... 한다 ; It never rains but it pours. 비가 오면 반드시 억수같이 퍼붓는다.		**never ~ but...**

12	가	가-먼트, 의복, (특히 긴 웃옷 · 외투 등의) 옷, 의류, 외피	명	garment [gɑ́ːrmənt]
13	울	울화, 노함, 분개, 원한	명	resentment [rizéntmənt]
14	면	면허, 허가, 허용, 인가	명	permission [pəːrmíʃən]
15	무	무척, 아주, 몹시, 무섭게, 두렵게, 장엄하게	부	awfully [ɔ́ːfəli]
16	지	지-어그래삑, 지리학적인, 지리적인	형	geographic [ʤìːəgrǽfik]
17	개	개정, 개선, 변경, 수정[안], 수정조항	명	amendment [əméndmənt]
18	연	연속하는, 잇따른, 계속되는, 상속의, 계승의	형	successive [səksésiv]
19	못	못-터빠이, 모-터빠이, (감정 · 정욕 따위를) 억제하다, 극복하다	동	mortify [mɔ́ːrtəfài]
20	에	에그, 부추기다, 선동하다, 충동질하다	동	egg [eg]
21	비	비즈네리, 비저너리, 환영의, 환상의, 몽상적인, 실제적인	형	visionary [víʒənèri / -nəri]
22	가	가장하다, 변장하다, 위장하다 ; 가장, 변장, 위장	동	disguise [disgáiz]
23	온	온 더 스팟, 그 자리에서, 즉석에서, 현장에서		on the spot

24	단	단점, 결점, 결함, 약점, 흠, 부족	명	**defect** [difékt]
25	다	다이어그노우스, 진단하다, 조사 분석하다, 원인을 규명하다	동	**diagnose** [dáiəgnòuse]
26	비	비시너티, 가까움, 근접, 가까운 곳, 부근, 근처	명	**vicinity** [visínəti]
27	바	바이얼넌트, 격렬한, 맹렬한, 광포한, 폭력적인	형	**violent** [váiələnt]
28	람	어새신, 암살자, 자객, (이슬람교도의) 암살단	명	**assassin** [əsǽsin]
29	몰	몰레큘러, 분자의, 분자로 된	형	**molecular** [moulékjulər]
30	아	아우트레이저스, 난폭한, 포학한, 잔인무도한, 부법의	형	**outrageous** [autréidʒəs]
31	쳐	(값을) 쳐주다, 평가하다, 판단하다, 진가를 인정하다, 감상하다	동	**appreciate** [əprí:ʃièit]
32	도	도슨트, (대학의) 강사, (미술관 · 박물관 등의) 안내인	명	**docent** [dóusənt]
33	이	이매켤릿, 더럼 안 탄, 청순한, 순결한, 틀림없는, 흠 없는	형	**immaculate** [imǽkjəlit]
34	겨	겨우, 간신히, 가까스로, 거의 ~ 없다 ; 숨김없이, 드러내놓고	부	**barely** [bέərli]
35	내	내치다, 쫓아내다, 물리치다, 추방하다, (해충 등을) 구제하다	동	**expel** [ikspél]

36	고	고우 인 뽀 ~, ~을 좋아하다 ; What sport do you go in for. 어떤 운동을 좋아하십니까?		go in for ~
37	일	일러스트리어스, 뛰어난, 이름난, 저명한, 빛나는, 화려한	형	illustrious [ilʌ́striəs]
38	곱	곱슬곱슬한, 오그라든, 꼬불꼬불한, 말린, 꼬부라진	형	curly [kə́:rli]
39	번	번들, 묶음, 묶은 것, 꾸러미 ; 다발 짓다, 꾸리다, 묶다	명	bundle [bʌ́ndl]
40	넘	넘, (추위 따위로) 감각을 잃은, (얼어서) 곱은, 마비된	형	numb [nʌm]
41	어	어브리비에잇, 생략하다, (어구를) 약해서 쓰다, 단축하다	동	abbreviate [əbrí:vièit]
42	저	저글, 요술을 부리다, 곡예를 하다, 속이다 ; 요술, 기술, 사기	동	juggle [dʒʌ́gəl]
43	도	도보여행자, 보행자 ; 도보의, 보행하는, 단조로운	명	pedestrian [pədéstriən]
44	일	일러스트레이티브, 설명의, 해설의, 실례가 되는, 예증이 되는	형	illustrative [íləstrèitiv]
45	어	어보-션, 유산, 임신중절, 낙태	명	abortion [əbɔ́:rʃən]
46	나	(~을) 나타내다, 상징하다 (= represent), 의미하다		stand for ~
47	라	라브 A 어브 B, A로부터 B를 빼앗다, 강탈하다		rob A of B

48	울	울퉁불퉁한, (수레가) 덜컹덜컹하는, 부침이 심한	형	bumpy [bʌ́mpi]
49	지	지휘하다, 관리하다, 감독하다, 지배하다	동	superintend [sùːpərinténd]
50	말	말하자면, 이를테면		as it were
51	고	고우 어 롱 웨이 = 고우 어 굿 웨이, 크게 도움이 되다		go a long way = go a good way
52	일	일러스트레이티브, 설명의, 해설의, 실례가 되는, 예증이 되는	형	illustrative [íləstrèitiv]
53	어	어보-션, 유산, 임신중절, 낙태	명	abortion [əbɔ́ːrʃən]
54	니	(~을) 나타내다, 상징하다 (= represent), 의미하다		stand for ~
55	피	피티어스, 불쌍한, 슬픈, 비참한, 가엾은, 측은한, 인정 많은	형	piteous [pítiəs]
56	리	리어, 기르다, 양육하다, 사육하다, 육성하다	동	rear [riər]
57	를	얼토당토않은, 불합리한, 부조리한, 터무니없는	형	absurd [æbsə́ːrd]
58	불	불후의, 영구의, 영속하는, 부단한, 끊임없는, 종신의	형	perpetual [pərpétʃuəl]
59	어	어카머데잇, ~에 편의를 도모하다, 조절하다, 조정하다, 적응하다	동	accommodate [əkάmədèit]

60	라	**라뻘리**, 거칠게, 마구, 함부로, 대충, 개략적으로	부	**roughly** [rʌ́fli]
61	필	**필그림**, 순례자, 성지 참배자, 나그네, 방랑자	명	**pilgrim** [pílgrim]
62	릴	**릴리-스**, 풀어 놓다, 떼어 놓다, 방출하다, 해방하다, 석방하다	동	**release** [rilíːs]
63	리	**리에이잔**, 연락, 접촉, 연락원, 간통, 밀통	명	**liaison** [liːéizɑn / liːéizɔːŋ]
64	개	**개정하다**, (의안 등을) 수정하다, 고치다, 바로잡다	동	**amend** [əménd]
65	골	**골수에 사무친**, 깊이 스며든, 뿌리 깊은, 철저한, 타고난	형	**ingrained** [ingréind]
66	개	**개정하다**, (의안 등을) 수정하다, 고치다, 바로잡다	동	**amend** [əménd]
67	골	**골수에 사무친**, 깊이 스며든, 뿌리 깊은, 철저한, 타고난	형	**ingrained** [ingréind]
68	무	**무척**, 아주, 몹시 ; 무섭게, 두렵게, 장엄하게	부	**awfully** [ɔ́ːfəli]
69	지	**지-어그래삑**, 지리학적인, 지리적인	형	**geographic** [dʒìːəgrǽfik]
70	개	**개정**, 개선, 변경, 수정[안], 보정, 수정 조항	명	**amendment** [əméndmənt]
71	연	**연속하는**, 잇따르는, 계속되는, 상속의, 계승의	형	**successive** [səksésiv]

72	못	못-터빠이, 모-터빠이, (감정 · 정욕 따위를) 억제하다, 극복하다	동	**mortify** [mɔ́:rtəfài]
73	에	에그, 부추기다, 선동하다, 충동질하다	동	**egg** [eg]
74	웃	웃기는, 익살맞은, 우스운, 바보 같은	형	**ludicrous** [lú:dəkrəs]
75	음	음험한, 틈을 엿보는, 교활한, 방심할 수 없는	형	**insidious** [insídiəs]
76	꽃	꽃망울, 싹, 눈, 봉오리 ; 발아하다, 싹이 나다	명	**bud** [bʌd]
77	핀	핀치, 꼬집다, (두 손가락으로) 집다, 끼다, 물다, 끼워 넣다	동	**pinch** [pintʃ]
78	나	다이 프럼, 부상, 사고 등으로 죽다		**die from ~**

26 노을 지는 강가에서

1	노	노우 베러 댄 ~, 할 정도로 어리석지는 않다: He knows better than to do that. 그런 일을 할 만큼 어리석지는[예절이 없지는] 않다.		know better than ~
2	을	을씨년스런, 지독한, 불쾌한, 견디기 어려운, 가엾은, 불쌍한, 비참한	형	wretched [rétʃid]
3	지	지-어메트릭, 기하학의, 기하학적 도형의	형	geometric [ʤìːəmétrik]
4	는	은폐하는, 제지하는, 억압하는, 억누르는, 말살하는	형	suppressive [səprésiv]
5	강	강요하다, 강제하다, 억지로 시키다, 강행하다	동	enforce [enfɔ́ːrs]
6	가	가니쉬, 장식하다, 요리에 야채 따위를 곁들이다	동	garnish [gáːrniʃ]
7	에	에스떼틱, 미(美)의, 미술의, 미학의, 심미적인, 심미안이 있는	형	aesthetic [esθétik]
8	서	서브스크라이브, 기명 승낙하다, 기부하다, 신청하다, 예약하다	동	subscribe [səbskráib]
9	그	그래버티, 진지함, 근엄, 엄숙, 중대함, 중력, 지구인력	명	gravity [grǽvəti]
10	림	림, 가장자리, 테, (수레바퀴 등의) 테	명	rim [rim]
11	을	을씨년스런, 음울한, 황량한, 쓸쓸한, 비참한	형	dismal [dízməl]

12	그	그리-브, 슬프게 하다, 비탄에 젖게 하다, 몹시 슬퍼하다	동	**grieve** [griːv]
13	렸	엿보다, 슬쩍 들여다보다 ; 흘끗 보기, 엿보기	동	**peep** [piːp]
14	어	어보브 얼, 무엇보다도 먼저 = first of all		**above all (things)**
15	요	요욱, 멍에, 속박, 지배 ; ~에 멍에를 얹다, 속박하다	명	**yoke** [jouk]
16	도	도그머, 교의, 교리, 교조, 신조, 독단적 주장	명	**dogma** [dɔ́(ː)gmə]
17	화	화환, 화관, 소용돌이, 동그라미	명	**wreath** [riːθ]
18	지	지니어스, 천재, 비상한 재주, 천성	명	**genius** [dʒíːnjəs]
19	에	에픽, 서사시, 대작 ; 서사시의, 웅장한, 영웅적인, 장중한	명	**epic** [épik]
20	가	가꾸다, 갈다, 경작하다, 재배하다, 배양하다, 신장하다	동	**cultivate** [kʌ́ltəvèit]
21	득	득득 긁다, 문지르다, 문질러 반반 하게 하다	동	**scrape** [skreip]
22	히	히파크러시, 위선, 위선적인 행위	명	**hypocrisy** [hipɑ́krəsi]
23	내	내셔낼러티, 국적, 선적, 국민, 민족, 국가	명	**nationality** [næ̀ʃənǽləti]

24	마	마비시키다, 활동이 불능이 되게 하다, 무력케 하다	동	paralyze [pǽrəlàiz]
25	음	음성의, 음성상의, 음성학의	형	phonetic [founétik]
26	을	얼싸안다, 껴안다, 포옹하다, 맞이하다, 환영하다	동	embrace [imbréis]
27	그	그리-브, 슬프게 하다, 비탄에 젖게 하다, 몹시 슬퍼하다	동	grieve [griːv]
28	렸	엿보다, 슬쩍 들여다보다 ; 흘끗 보기, 엿보기	동	peep [piːp]
29	어	어보브 얼, 무엇보다도 먼저 = first of all		above all (things)
30	요	요욱, 멍에, 속박, 지배 ; ~에 멍에를 얹다, 속박하다	명	yoke [jouk]
31	나	나미널, 이름의, 명의상의, 이름뿐인, 유명무실한, 보잘 것 없는	형	nominal [námənl / nɔ́m-]
32	지	지평선, 수평선, 시계, 시야, 범위, 영역	명	horizon [həráizən]
33	막	막연히, 어렴풋이, 애매하게, 분명치 않게, 희미하게	부	vaguely [veigli]
34	한	한탄할만한, 통탄할, 비참한, 애처로운 당치도 않은, 괘씸한	형	deplorable [diplɔ́ːrəbl]
35	언	언더 웨이, 진행 중인, (배가) 항해 중인		under way

36	덕	덕이 높은, 덕행이 있는, 고결한, 정숙한, 절개 있는	형	virtuous [vəːrtʃuəs]
37	위	위드 리스펙트 투 ~, ~에 대하여, ~에 관하여		with respect to ~
38	에	에일먼트, 우환, 불쾌, (특히 만성적인) 병, 불안정	명	ailment [éilmənt]
39	좁	좁은, 답답한 ; the strait gate 좁은 문(마 Ⅶ: 13)	형	strait [streit]
40	다	다우, 너(는), 당신(은), 그대(는)	대	thou [ðau]
41	란	안중에 두지 않다, 관심이 없다		be of no concern
42	오	오블라이지, 어블라이지, ~을 별 수 없이 하게하다, 하도록 강요하다	동	oblige [əbláidʒ]
43	솔	솔러스, 살러스, 위안, 위로, 기분 전환 ; 위로하다, 위안하다	명	solace [sɔ́l- / sάləs]
44	길	길흉화복, 흥망성쇠		ups and downs
45	따	(남의 말 · 문장 등을) 따다, 인용하다, 예시하다	동	quote [kwout]
46	라	라인드, 껍질, (과실 · 야채 · 수목 등의) 외피, 껍데기	명	rind [raind]
47	키	키드냅, (아이를) 채가다, 꾀어내다, 유괴하다	동	kidnap [kídnæp]

48	작	작심하다, 결심하다, 체념하다		make up one's mind
49	은	은인, 은혜를 베푸는 사람, 후원자, 기증자, 기부자	명	benefactor [bénəfæ̀ktər]
50	코	코우인사이드, 동시에 일어나다, 일치하다, 부합하다	동	coincide [kòuinsáid]
51	스	스캔들, 추문, 의혹, 불명예, 창피, 수치, 악평, 중상, 험구, 비방	명	scandal [skǽndl]
52	모	모우바일, 움직이기 쉬운, 이동성이 있는, 변하기 쉬운	형	mobile [móu-bail]
53	스	스캔티, 부족한, 얼마 안 되는, 불충분한, 빈약한, 인색한	형	scanty [skǽnti]
54	가	가해하다, 습격하다, 공격하다, 공박하다, 괴롭히다	동	assail [əséil]
55	하	하러빠이, 호러빠이, 소름끼치게 하다, 무서워 떨게 하다	동	horrify [hárəfài, -hɔ́:r]
56	늘	늘 그러하듯이, 평소대로		as usual
57	닿	닿다, ~에 이르다, 도착하다, 도달하다		get to ~
58	는	언더그래주에잇, 대학 학부 재학생, 대학생 ; 대학생의	명	undergraduate [ʌ̀ndərgrǽdʒuèit]
59	그	그런트, 불평하다, 푸념하다, 투덜투덜하다	동	grunt [grʌnt]

60	곳	곳간, 창고, 저장소 ; 창고에 넣다	명	**warehouse** [wέə:rhàus]
61	에	에클로-그, 전원시, 목가시, 목가	명	**eclogue** [éklɔ:g]
62	서	서셉터블, 느끼기 쉬운, 다감한, 민감한, ~할 수 있는[허락하는]	형	**susceptible** [səséptəbəl]
63	엄	엄파이어, 심판, 심판자, 중재자, 재정인, 심판원, 부심	명	**umpire** [ʌ́mpaiər]
64	마	마-크트, 저명한, 유명한, 두드러진, 명료한	형	**marked** [mɑ:rkt]
65	아	아웃리브, ~보다도 오래 살다, ~보다 오래 계속하다	동	**outlive** [àutlív]
00	빠	빠울, 더러운, 불결한, 부정한, 불쾌한, 시시한	형	**foul** [faul]
67	손	손짓으로 부르다, 신호하다	동	**beckon** [békən]
68	잡	잡다하게 섞다, 뒤죽박죽을 만들다, 뒤범벅으로 해놓다	동	**jumble** [dʒʌ́mbl]
69	고	고혹적인, 황홀케 하는, 호리는, 매혹적인	형	**fascinating** [fǽsənèitiŋ]
70	웃	웃어른, 연장자, 손윗사람, 선배, 고참자, 상사	명	**senior** [sí:njər]
71	고	고학하다 : work one's way through college 고학으로 대학을 졸업하다.		**work one's way through**

72	있	있클립스, (해 · 달의) 식, (별의) 엄폐, 빛의 상실 ; (천체가 딴 천체를) 가리다	명	eclipse [iklíps]
73	는	은유(隱喩), 암유(暗喩), 유사한 것, 비유	명	metaphor [métəfɔ̀:r, -fər]
74	내	내쫓다, 떠나게 하다, 해고하다, 면직하다	동	dismiss [dismís]
75	모	모티브, 동기(=incentive), 동인, 행위의 원인	명	motive [móutiv]
76	습	습관적인, 인습적인, 전통적인, 구색의, 상투적인	형	conventional [kənvénʃənəl]
77	을	얼 더 이어 (라운드), 일 년 내내		all the year (round)
78	아	아이덴터빠이, 확인하다, 지하다, 동일시하다	동	identify [aidéntəfài]
79	주	주파수, 진동수, 자주 일어남, 빈번, 회수, 빈도수	명	frequency [frí:kwənsi]
80	크	크래쁘트, 기능, 기교, 솜씨, 기술, 재간, 교활, 간지, 술책	명	craft [kræft]
81	게	게이, 명랑한, 즐거운, 쾌활한, 화려한, 방탕한, 음탕한, 동성애(자)의	형	gay [gei]
82	그	그리-브, 슬프게 하다, 비탄에 젖게 하다, 몹시 슬퍼하다	동	grieve [gri:v]
83	렸	엿보다, 슬쩍 들여다보다 ; 흘끗 보기, 엿보기	동	peep [pi:p]

84	어	어보브 얼, 무엇보다도 먼저 = first of all		above all (things)
85	요	요욱, 멍에, 속박, 지배 ; ~에 멍에를 얹다, 속박하다	명	yoke [jouk]
86	노	노우 베러 댄 ~, 할 정도로 어리석지는 않다: He ~s better than to do that. 그런 일을 할 만큼 어리석진 않다.		know better than ~
87	을	을씨년스런, 지독한, 불쾌한, 견디기 어려운, 가엾은, 불쌍한, 비참한	형	wretched [rétʃid]
88	지	지-어메트릭, 기하학의, 기하학적 도형의	형	geometric [dʒìːəmétrik]
89	는	은폐하는, 제지하는, 억압하는, 억누르는, 말살하는	형	suppressive [səprésiv]
90	강	강요하다, 강제하다, 억지로 시키다, 강행하다	동	enforce [enfɔ́ːrs]
91	가	가니쉬, 장식하다, 요리에 야채 따위를 곁들이다	동	garnish [gáːrniʃ]
92	에	에스떼틱, 미(美)의, 미술의, 미학의, 심미적인, 심미안이 있는	형	aesthetic [esθétik]
93	서	서브스크라이브, 기명 승낙하다, 기부하다, 신청하다, 예약하다	동	subscribe [səbskráib]

27 둥근 해가 떴습니다.

1	둥	둥근모양의, 구 모양의, 완벽한, 균형이 잡힌	형	**spheral** [sfí-ərəl]
2	근	근절하다, 뿌리째 뽑다, 박멸하다	동	**eradicate** [irǽdəkèit]
3	해	해브 온리 투 ~, ~하기만 하면 된다. You have ~ to wait. 기다리고 있기만 하면 된다.		**have only to ~** **=have but to ~**
4	가	가차 없는, 잔인한, 혹독한	형	**relentless** [riléntlis]
5	떴	떠러스트, 밀다, 밀어내다, 밀어 넣다	동	**thrust** [θrʌst]
6	습	습기 있는, 축축한, 비가 많은	형	**moist** [mɔist]
7	니	니세서티, 필요, 필요성, 필수품	명	**necessity** [nisésəti]
8	다	다이어그램, 그림, 도형, 도표, 일람표, 도식	명	**diagram** [dáiəgræ̀m]
9	자	자-, 항아리, 단지, 병	명	**jar** [dʒɑːr]
10	리	리쁘랙트, (광선을) 굴절시키다	동	**refract** [rifrǽkt]
11	에	에슨스, 본질, 진수, 정수, 핵심, 요체	명	**essence** [ésəns]

12	서	서뻐케잇, ~의 숨을 막다, 질식시키다, 억누르다	동	suffocate [sʌ́fəkèit]
13	일	일래버레잇, 정성들여 만들다, 힘들여 마무르다 ; 공들인, 정교한	동	elaborate [ilǽbərèit]
14	어	어셔, 안내인, 접수원, 문지기, 수위 ; 안내하다, 선도하다	명	usher [ʌ́ʃər]
15	나	(애써) 나아가다, 가다, 번창하다		make one's (own) way
16	서	서스테인, (아래에서) 떠받치다, 유지하다, 계속하다, 받다	동	sustain [səstéin]
17	제	제니뜨, 천정(天頂), 정점, 절정, 전성기	명	zenith [zí:niθ/ zén-]
18	일	일랩스, (때가) 경과하다 ; (시간의) 경과	동	elapse [ilǽps]
19	먼	먼치, 우적우적 먹다, 으드득으드득 깨물다	동	munch [mʌntʃ]
20	저	저해하다, 방해하다, 훼방하다, 곤란하게 하다	동	hamper [hǽmpər]
21	이	이머넌트, 절박한, 급박한, 긴급한	형	imminent [ímənənt]
22	를	얽히다, 꼬이게 하다, 엉키게 하다, 얽히게 하다	동	tangle [tǽŋg-əl]
23	닦	닦다, ~의 윤을 내다, 다듬다, 세련되게 하다	동	polish [páliʃ/ pɔ́l-]

24	자	자간, 허튼소리, 뜻을 알 수 없는 말, 은어	명	jargon [dʒάːrgɑn / -gɔn]
25	윗	윗트, 위트, 기지, 재치, 꾀바름, 지혜, 기지	명	wit [wit]
26	니	이모럴, 부도덕한, 행실 나쁜, 음란한, 외설한	형	immoral [imɔ́(ː)rəl]
27	아	아키알러지, 고고학	명	arch(a)eology [ὰːrkiάlədʒ]
28	랫	래비드, 맹렬한, 미친 듯한, 열광적인, 광포한	형	rabid [rǽbid]
29	니	이모럴, 부도덕한, 행실 나쁜, 음란한, 외설한	형	immoral [imɔ́(ː)rəl]
30	닭	닥, 독, 선착장, 선창, 부두	명	dock [dɑk / dɔk]
31	자	(죄 · 과실을) 자행하다, 저지르다, 범하다, 위임하다, 위탁하다	동	commit [kəmít]
32	세	세그멘틀, 단편의, 조각의, 부분의, 선분의	형	segmental [segméntl]
33	수	수-, 고소하다, 소송을 제기하다, 간원하다, 청구하다	동	sue [suː / sjuː]
34	할	할로우, 속이 빈, 공동(空洞)의, 공허한, 무의미한, 빈	형	hollow [hάlou]
35	때	때를 놓친, 시기를 놓친, 시기가 나쁜, 부적당한	형	inopportune [inὰpərtjúːn / -ɔ́p-]

36	는	넌센시클, 무의미한, 부조리한, 터무니없는, 시시한	형	nonsensical [nansénsik-əl]
37	깨	깨치다, 지각하다, 감지하다, 눈치 채다, 인식하다	동	perceive [pərsíːv]
38	끗	끝으로, 결론적으로, 최후로		in conclusion
39	이	이모틀, 죽지 않는, 불후의, 영원한, 신의	형	immortal [imɔ́ːrtl]
40	이	이클리지애스틱클, 교회의, 교회 조직의, 성직자의	형	ecclesiastical [iklìːziǽstikəl]
41	쪽	쪼개다, 찢다, 째다, 분할하다	동	split [split]
42	저	저항하다, 격퇴하다, 방해하다, 견디다, 참다	동	resist [rizíst]
43	쪽	쪼개다, 찢다, 째다, 분할하다	동	split [split]
44	목	목크, 막, 조롱하다, 놀리다, 흉내 내다, 모방하다	동	mock [mak / mɔ(ː)k]
45	닭	닭, 독, 선착장, 선창, 부두	명	dock [dak / dɔk]
46	고	고문, 심한 고통, 고뇌, 고민 ; 고문하다, 괴롭히다	명	torture [tɔ́ːrtʃəːr]
47	머	머드러스, 살인의, 흉악한, 잔학한, 살인적인, 무시무시한	형	murderous [mə́ːrd-ərəs]

48	리	리얼-타임, 실시간, 즉시, 순간의, 대기 시간 없는	형	real-time [ríː-əltáim]
49	묶	묶다, 동이다, 얽매다, 구속하다	동	bind [baind]
50	고	고민, 고통, 아픔	명	agony [ǽgəni]
51	옷	옷뜨, 오우뜨, 맹세, 서약, 선서	명	oath [ouθ]
52	을	얼굴빛, 안색, 피부색, 외관, 모양	명	complexion [kəmplékʃən]
53	입	입쁘 잇 워 낫 뽀 ~, 만약 ~없으면[아니라면]		if it were not for ~
54	고	고민, 고통, 아픔	명	agony [ǽgəni]
55	거	거스트, 돌풍, 일진의 바람, 질풍, 격정, 폭발	명	gust [gʌst]
56	울	울타리, 담, 울로 둘러막은 땅, 울을 함	명	enclosure [enklóuʒər]
57	을	얼굴빛, 안색, 피부색, 외관, 모양	명	complexion [kəmplékʃən]
58	봅	봅, 밥, (상하 좌우로) 홱홱[까불까불] 움직이다, 갑작스럽게 움직이다	동	bob [bɑb / bɔb]
59	니	니세서티, 필요, 필요성, 필수품	명	necessity [nisésəti]

60	다	다이어그램, 그림, 도형, 도표, 일람표, 도식	명	**diagram** [dáiəgræ̀m]
61	꼭	꼭꼭, 규칙적으로, 정기적으로, 일정하게	부	**regularly** [régjələːrli]
62	꼭	꼭꼭, 규칙적으로, 정기적으로, 일정하게	부	**regularly** [régjələːrli]
63	씹	(음식물을) 씹다, 저작(咀嚼)하다, 분쇄하다	동	**masticate** [mǽstəkèit]
64	어	어포인티드, 지정된, 정해진, 약속의, 지명된	형	**appointed** [əpɔ́intid]
65	밥	밥, 봅 (상하 좌우로) 홱홱[까불까불] 움직이다, 갑작스럽게 움직이다	동	**bob** [bɑb / bɔb]
66	음	얼굴빛, 안색, 피부색, 외관, 모양	명	**complexion** [kəmplékʃən]
67	먹	먹, 거름, 퇴비	명	**muck** [mʌk]
68	고	고민, 고통, 아픔	명	**agony** [ǽgəni]
69	가	(밧줄의) 가닥, 한 가닥의 실, 섬유	명	**strand** [strænd]
70	방	방해하다, ~에게 폐를 끼치다, 저해하다, 혼란시키다	동	**disturb** [distə́ːrb]
71	메	메들, 쓸데없이 참견하다, 간섭하다, 만지작거리다	동	**meddle** [médl]

72	고	고민, 고통, 아픔	명	agony [ǽgəni]
73	인	인센스, 향, 향냄새, 방향 ; 향을 피우다	명	incense [ínsens]
74	사	사이트, 인용하다, 인증하다, 예증하다, 열거하다	동	cite [sait]
75	하	하머님, 동음이의(同音異議語), 동명이물	명	homonym [hámənìm / hɔ́m-]
76	고	고민, 고통, 아픔	명	agony [ǽgəni]
77	유	유비쿼터스, (동시에) 도처에 있는, 편재하는	형	ubiquitous [juːbíkwətəs]
78	치	치쁠리, 주로(mainly), 흔히, 대개	부	chiefly [tʃíːfli]
79	원	원더러스, 놀랄만한, 이상한, 불가사의의	형	wondrous [wʌ́ndrəs]
80	에	에쀼-즈, 발산하다, 유출시키다, 방출하다, 스며나오다	동	effuse [efjúːz]
81	갑	갑작스럽게, 뜻밖에, 돌연히, 퉁명스럽게	부	abruptly [əbrʌ́ptli]
82	니	니세서티, 필요, 필요성, 필수품	명	necessity [nisésəti]
83	다	다이어그램, 그림, 도형, 도표, 일람표, 도식	명	diagram [dáiəgræ̀m]

84	씩	씩씩한, 용감한, 영웅적인, 힘센, 건장한	형	valiant [vǽljənt]
85	씩	씩씩한, 용감한, 영웅적인, 힘센, 건장한	형	valiant [vǽljənt]
86	하	하머님, 동음이의어(同音異議語), 동명이물	명	homonym [hámənìm / hɔ́m-]
87	게	게러 롱 위드 ~, ~와 잘 지내다, 사이좋게 지내다		get along with ~
88	갑	갑작스럽게, 뜻밖에, 돌연히, 퉁명스럽게	부	abruptly [əbrʌ́ptli]
89	니	니세서티, 필요, 필요성, 필수품	명	necessity [nisésəti]
90	다	다이어그램, 그림, 도형, 도표, 일람표, 도식	명	diagram [dáiəgræ̀m]

28 아빠 힘내세요.

1	딩	딩키, 자그마한, 하찮은, 산뜻한, 말쑥한	형	dinky [díŋki]
2	동	동시대의, 동연대의, 당시의, 당대의 ; 동시대의 사람, 동기생	형	contemporary [kəntémpərèri]
3	댕	댕그랑거리다, 짤랑짤랑 소리 나다[내다], 딸랑딸랑 울리다	동	jingle [dʒíŋgəl]
4	초	초욱, 질식시키다, ~을 숨 막히게 하다, 막다, 억누르다	동	choke [tʃouk]
5	인	인스크라이브, (문자 · 기호 등을 종이에) 적다, 새기다, 파다	동	inscribe [inskráib]
6	종	종족, 부족, 야만족, 패, 동아리, 동료	명	tribe [traib]
7	소	소우 빠 래즈, ~하는 한, ~에 관한 한 ; so far as I am concerned 나에 관한 한		so far as
8	리	리벨, 반역자, 모반자 ; 모반하다, 배반하다, 반항하다	명	rebel [réb-əl]
9	에	에디, 소용돌이, 회오리(바람), (사건 등의) 소용돌이	명	eddy [édi]
10	얼	얼라잇, 내리다, 하차하다, 착륙하다, 내려앉다	동	alight [əláit]
11	른	런 ~ 바이 하트, 암기하다, 외우다		learn ~ by heart

12	문	문초, 심문, 질문, 의문	명	**interrogation** [intèrəgéiʃən]
13	을	얼빠진, 건성의, 방심 상태의, 멍해 있는	형	**absent-minded** [ǽbsəntmáindid]
14	열	열등하게 하다, 나쁘게 하다, 저하시키다, 타락시키다	동	**deteriorate** [ditíəriərèit]
15	었	었터, 전적인, 완전한, 철저한, 무조건의, 절대적인	형	**utter** [ʌ́tər]
16	더	더 모어 ~, 더 모어 …, ~하면 할수록 더욱 더 … : The ~ I know him, the ~ I like him. 그를 알면 알수록 더욱 좋아진다.		**the more ~, the more …**
17	니	니글, 하찮은 일에 시간을 낭비하다, 옹졸하게 굴다	동	**niggle** [níg-əl]
18	그	그러쁘, 우락부락한, 난폭한, 무뚝뚝한, 퉁명스러운, 굵고 탁한	형	**gruff** [grʌf]
19	토	토닉, 타닉, 튼튼하게 하는, 원기를 돋우는 ; 강장제	형	**tonic** [tάnik / tɔ́n-]
20	록	옥시다이즈, 악서다이즈, 산화시키다, 녹슬게 하다, 녹슬다	동	**oxidize** [ɔ́ksədàiz / άksədài]
21	기	기대다, ~을 믿다 ; You had better not count on a raise. 당신은 봉급 인상을 기대하지 않는 것이 좋다.		**count (up) on ~**
22	다	다일레이트, 팽창시키다, 넓히다, 넓어지다, 팽창하다	동	**dilate** [dailéit, di-]
23	리	리뷰욱, 비난하다, 꾸짖다, 징계하다, 견책하다	동	**rebuke** [ribjú:k]

24	던	던져두다, 방치하다, 내버려 두다		put aside
25	아	아첨하다, 발림말하다, 빌붙다, 우쭐하게 하다	동	flatter [flǽtər]
26	빠	빠스, 소극, 어리광대극, 익살극, 익살, 우스개 ; 익살을 섞다	명	farce [fɑːrs]
27	가	가설적인, 임시의, 시험적인, 시험 삼아 하는	형	tentative [téntətiv]
28	문	문상하다, 조상(弔喪)하다, 조위(弔慰)하다, 위로하다, 동정하다	동	condole [kəndóul]
29	앞	앞지르다, ~을 능가하다, ~보다 낫다, 뛰어나다	동	surpass [sərpǽs]
30	에	에벌루셔네리, 발달의, 발전의, 진화의, 진화론에 의한, 전개의	형	evolutionary [èvəlúːʃənèri]
31	서	서스펜스, 미결정, 미정, 걱정, 불안, 긴장감	명	suspense [səspéns]
32	계	계획, 기획, 설계, 획책, 책략, 조직, 구조, 개요	명	scheme [skiːm]
33	셔	셔 오쁘, (도로의) 교통을 차단하다, (물 · 가스 · 기계 따위를) 잠그다, (기계가) 멈추다.		shut off
34	조	조슬, 자슬, (난폭하게) 떠밀다, 찌르다, 부딪치다, 팔꿈치로 밀다	동	jostle [dʒɔ́sl / dʒɑ́sl]
35	너	너쳐, 양육하다, ~에게 영양물을 주다, 가르쳐 길들이다	동	nurture [nə́ːrtʃəːr]

36	무	무형의, 만질 수 없는, 만져서 알 수 없는, 파악하기 어려운	형	**intangible** [intǽndʒəbəl]
37	나	나태한, 게으른, 무활동의	형	**indolent** [índələnt]
38	반	반야드, 헛간의 앞마당, 농가의 안뜰 ; 지저분한, 천박한	명	**barnyard** [bá:rnjà:rd]
39	가	가파른, 험한, 절벽의, 황급한, 경솔한, 무모한	형	**precipitous** [prisípətəs]
40	워	워블, (새가) 지저귀다, 목소리를 떨며 노래하다, 졸졸 흐르다	동	**warble** [wɔ́:rb-əl]
41	웃	웃어른, 연장자, 연상의 사람, 노인, 선배, 원로	명	**elder** [éldər]
42	으	어언, 항아리, 단지, 납골단지, 무덤, 표	명	**urn** [ə:rn]
43	며	머지, 합병하다, 합체시키다, 점차 ~로 바뀌다, 융합되다	동	**merge** [mə:rdʒ]
44	아	아첨하다, 발림말하다, 빌붙다, 우쭐하게 하다	동	**flatter** [flǽtər]
45	빠	빠스, 소극, 어리광대극, 익살극, 익살, 우스개 ; 익살을 섞다	명	**farce** [fa:rs]
46	하	하버, 호버, 하늘을 떠다니다, 비상하다, 맴돌다, 주저하다	동	**hover** [hávər- ,hʌ́v]
47	고	고백하다, 자백하다, 참회하다		**make a confession**

48	불	불러틴, 게시, 고시, 공보, 정황 발표, 뉴스속보	명	**bulletin** [búlətin]
49	렀	럿스티, 러스티, 튼튼한, 강장의, 원기 왕성한, 활발한, 몸집이 큰	형	**lusty** [lʌ́sti]
50	는	넌바이얼런스, 비폭력(주의), 평화적 수단(에 의한 저항)	명	**nonviolence** [nɑnváiələns / nɔn-]
51	데	데쁘, 귀머거리의, 귀먹은, 귀를 기울이지 않는, 무관심한	형	**deaf** [def]
52	어	어비스, 심연, 끝없이 깊은 구렁, 나락, 혼돈, 심해	명	**abyss** [əbís]
53	쩐	전망, 조망(眺望), 경치, 예상, 기대, 가망 ; 답사하다, 시굴하다	명	**prospect** [prɑ́spekt / prɔ́s-]
54	지	지레, 미리, 사전에, 전부터, 지레짐작으로	부	**beforehand** [bifɔ́ːrhæ̀nd]
55	오	오컬트, 아컬트, 신비로운, 오묘한, 불가사의의, 비밀의, 심오한	형	**occult** [əkʌ́lt /əkʌ́lt, ɑ́kʌlt]
56	늘	늘 do 하곤 하다, 언제나 do 하는 것을 규칙으로 삼다		**make it a rule to do**
57	아	아첨하다, 발림말하다, 빌붙다, 우쭐하게 하다	동	**flatter** [flǽtər]
58	빠	빠스, 소극, 어리광대극, 익살극, 익살, 우스개 ; 익살을 섞다	명	**farce** [fɑːrs]
59	의	의사일정, 예정표, 안건, 의제, 비망록, 메모장	명	**agenda** [ədʒéndə]

60	얼	**얼얼한**, 매운, 자극성의, 날카로운, 신랄한	형	**pungent** [pʌ́ndʒənt]
61	굴	**굴착하다**, 파다, 파내다, 발굴하다	동	**excavate** [ékskəvèit]
62	이	**이식하다**, 옮겨 심다, 이주시키다 ; 이식, 이주	동	**transplant** [trænsplǽnt]
63	우	**우즈**, 새어나오다, 줄줄 흘러나오다, 새다, 점점 없어지다	동	**ooze** [uːz]
64	울	**울화가 치밀다**, ~에 분개하다, 골내다, 원망하다	동	**resent** [rizént]
65	해	**해거드**, 야윈, 수척한, 초췌한, 말라빠진,	형	**haggard** [hǽgərd]
66	보	**모이스트러스**, (비 · 바람 · 물결 등이) 몹시 사나운, 거친, 시끄러운	형	**boisterous** [bɔ́istərəs]
67	이	**이어받다**, 상속하다, 물려받다, 유전하다	동	**inherit** [inhérit]
68	네	**네 배의**, 네 겹의, 4부로 된 ; 4배수	형	**quadruple** [kwɑdrúːpəl]
69	요	**요약하다**, 총계하다, 합계하다, 재빨리 평가하다		**sum up**
70	무	**무자비한**, 무정한, 인정머리 없는, 잔인한	형	**ruthless** [rúːθlis]
71	손	**선포하다**, 포고하다, 선언하다, 공표하다, 분명히 하다	동	**proclaim** [proukléim]

72	일	일레저블, 읽기 어려운, 판독하기 어려운, 불명료한	형	illegible [ilédʒəbəl]
73	이	이뮤운, (공격 · 병독 등을) 면한, 면역성의, 면제한	형	immune [imjúːn]
74	생	생소한, 익숙지 않은, 숙달되지 않은, 관례가 아닌, 진기한	형	unaccustomed [ʌ̀nəkʌ́stəmd]
75	겼	곁눈질하다, 흘긋 보다, 언뜻 보다, 대강 훑어보다 ; 흘긋 봄	동	glance [glæns]
76	나	나빠지다, 상하다, 썩다		go bad =turn bad
77	요	요원, 인원, 인사, 전 직원 ; 직원의, 인사의	명	personnel [pə̀ːrsənél]
78	무	무자비한, 무정한, 인정머리 없는, 잔인한	형	ruthless [rúːθlis]
79	슨	선포하다, 포고하다, 선언하다, 공표하다, 분명히 하다	동	proclaim [proukléim]
80	걱	걱정하다, 염려하다, 우려하다, 이해하다	동	apprehend [æ̀prihénd]
81	정	정쳐, 접합, 접속, 연결, 접합점, 관절	명	juncture [dʒʌ́ŋktʃər]
82	있	잇티너른트, 순회하는, 이리저리 이동하는	형	itinerant [aitínərənt, itín-]
83	나	나빠지다, 상하다, 썩다		go bad =turn bad

84	요	요원, 인원, 인사, 전직원 ; 직원의, 인사의	명	**personnel** [pə:rsənél]
85	아	아첨하다, 발림말하다, 빌붙다, 우쭐하게 하다	동	**flatter** [flǽtər]
86	빠	빠스, 소극, 어리광대극, 익살극, 익살, 우스개 ; 익살을 섞다	명	**farce** [fɑ:rs]
87	힘	힘, 찬송가, 성가 ; 찬송가로 찬미하다, 찬송가를 부르다	명	**hymn** [him]
88	내	내러티브, 이야기의, 이야기체의 ; 이야기, 이야기체	형	**narrative** [nǽrətiv]
89	세	세컬러, 세속의, 현세의, 비종교적인	형	**secular** [sékjələ:r].
90	요	요원, 인원, 인사, 전 직원 ; 직원의, 인사의	명	**personnel** [pə:rsənél]
91	우	우기다, 고집하다, 주장하다, 집착하다, 지속하다	동	**persist** [pə:rsíst]
92	리	리디큐울, 비웃음, 조소, 조롱 ; 비웃다, 조소하다, 조롱하다	명	**ridicule** [rídikjù:l]
93	가	가두다, 감금하다, 제한하다, 가둬 넣다, 한하다	동	**confine** [kənfáin]
94	있	있티너른트, 순회하는, 이리저리 이동하는	형	**itinerant** [aitínərənt, itín-]
95	잖	잔재, 흔적, 자취, 남은 자취, 표적	명	**vestige** [véstidʒ]

96	아	**아든트**, 열렬한, 불타는 (듯한), 격렬한	형	**ardent** [ɑ́:rdənt]
97	요	**요원**, 인원, 인사, 전 직원 ; 직원의, 인사의	명	**personnel** [pə̀:rsənél]
98	아	**아첨하다**, 발림말하다, 빌붙다, 우쭐하게 하다	동	**flatter** [flǽtər]
99	빠	**빠스**, 소극, 어리광대극, 익살극, 익살, 우스개 ; 익살을 섞다	명	**farce** [fɑ:rs]
100	힘	**힘**, 찬송가, 성가 ; 찬송가로 찬미하다, 찬송가를 부르다	명	**hymn** [him]
101	내	**내러티브**, 이야기의, 이야기체의 ; 이야기, 이야기체	형	**narrative** [nǽrətiv]
102	세	**세컬러**, 세속의, 현세의, 비종교적인	형	**secular** [sékjələ:r]
103	요	**요원**, 인원, 인사, 전 직원 ; 직원의, 인사의	명	**personnel** [pə̀:rsənél]
104	우	**우기다**, 고집하다, 주장하다, 집착하다, 지속하다	동	**persist** [pə:rsíst]
105	리	**리디큐울**, 비웃음, 조소, 조롱 ; 비웃다, 조소하다, 조롱하다	명	**ridicule** [rídikjù:l]
106	가	**가두다**, 감금하다, 제한하다, 가둬 넣다, 한하다	동	**confine** [kənfáin]
107	있	**있티너른트**, 순회하는, 이리저리 이동하는	형	**itinerant** [itítinərənt / aiti-]

108	어	어프로우프리이잇, 적합한, 적절한, 적당한, 특유의, 고유한	형	**appropriate** [əpróupriit]
109	요	요원, 인원, 인사, 전직원 ; 직원의, 인사의	명	**personnel** [pə̀:rsənél]

Part Ⅴ

노래가사 첫말잇기로 자동암기

국민 인기가요

순서

29. 돌아와요 부산항에 1절 ············ 200

30. 돌아와요 부산항에 2절 ············ 206

29 돌아와요 부산항에 1절

1	꽃	꽃가루받이하다, 수분하다, 가루받이하다	동	pollinate [pálənèit / pɔ́l]
2	피	피티쁠, 인정 많은, 동정적인, 가엾은, 처량한, 불쌍한, 보잘 것 없는	형	pitiful [pítifəl]
3	는	넌 프라삣, 비영리적인, 자본주의에 의하지 않는	형	nonprofit [nɑnpráfit / nɔnprɔ́f-]
4	동	동참하다, 참가하다, 나가다		take part in ~
5	백	백 업, 후원[지지]하다, 후방을 수비하다, 백업하다, 후진시키다		back up
6	섬	섬띵 오브, 얼마간, 약간 ; He is something of a liar. 그는 약간 거짓말쟁이다.		something of ~
7	에	에뻐커시, 효험, 효력, 유효	명	efficacy [éfəkəsi]
8	봄	봄바드, 밤바드, 포격하다, 폭격하다, 공격하다	동	bombard [bɔm-bá:rd / bɑm]
9	이	이쁘 에니띵, 어느 편이냐 하면, 오히려, 그렇기는커녕, 어쨌든		if anything
10	왔	왓 이쁘, ~라면[하면] 어쩌나! ~한들 상관없지 않은가! ; What if you should die!		what if ~
11	건	건초, 마른 풀, 성과, 보상	명	hay [hei]

12	만	만어테리, 마너테리, 화폐의, 금전(상)의, 금융의, 재정(상)의	형	monetary [mánətèri]
13	형	형질, 특질, 특색, 특성, 특징 ; 특색을 이루는, 특질의, 독자적인	명	characteristic [kæ̀riktərístik]
14	제	제외하다, 배제하다, 배척하다, 몰아내다, 추방하다	동	exclude [iksklúːd]
15	떠	떠라브, 뜨로브, 가슴이 고동치다, 두근거리다, 맥박치다, 감동하다	동	throb [θrab / θrɔb]
16	난	난치의, 고치기 힘든, 완고한, 억지 센, 강퍅한, 끈질긴	형	obstinate [ábstənit]
17	부	부쉬, 관목 (shrub), 수풀, 덤불	명	bush [buʃ]
18	산	산화하다, 휴회하다, 폐회하다, 연기하다, 중단하다	동	adjourn [ədʒə́ːrn]
19	항	항의하다, 이의를 제기하다, 주장하다, 단언하다, 확언하다	동	protest [prətést]
20	에	에일련, 외국의, 이국의, 외국인의 ; 외국인, 외인, 우주인	형	alien [éiljən, -liən]
21	갈	갈팡질팡하다, 쩔쩔매다, 어쩔 줄 몰라 하다, 당황하다		be at a loss
22	매	매그너빠이, 확대하다, 크게 보이 게 하다, 과장하다, 찬미하다	동	magnify [mǽgnəfài]
23	기	기여하다, 기부하다, 공헌하다, 기증하다, 도움이 되다	동	contribute [kəntríbjuːt]

24	만	**만여멘틀,** 기념 건조물의, 기념비의, 기념되는, 불멸의, 대단한	형	**monumental** [mànjəméntl]
25	슬	**슬픔에 잠긴,** 음산한, 쓸쓸한, 애처로운, 슬픔을 자아내는	형	**mournful** [mɔ́ːrnfəl]
26	피	**피벗,** 선회축, 추축, 중심점, 요점, 축	명	**pivot** [pívət]
27	우	**우겨대는,** 완고한, 고집 센, 완강한, 불굴의	형	**stubborn** [stʌ́bəːrn]
28	네	**네이키드,** 벌거벗은, 나체의, 적나라한, 드러난, 꾸밈없는	형	**naked** [néikid]
29	오	**오디토리엄,** 청중[관객]석, 방청석, 강당, 큰 강의실	명	**auditorium** [ɔ̀ːditɔ́ːriəm]
30	룩	**육필,** 자필, 친필, 자서, 서명	명	**autograph** [ɔ́ːtəgræ̀f]
31	도	**도그매틱,** 독단적인, 고압적인, 독단주의의, 교리의	형	**dogmatic** [dɔ(ː)gmǽtik]
32	돌	**돌파하다,** 이겨내다, 극복하다, 헤어 나오다, 타고 넘다	동	**surmount** [sərmáunt]
33	아	**아비어스,** 명백한, 명확한, 명료한, 알기 쉬운, 이해하기 쉬운	형	**obvious** [ɑ́bviəs]
34	가	**가라앉다,** 침강하다, 침전하다, 빠지다, 내려앉다	동	**subside** [səbsáid]
35	는	**언뻬이브러블,** 형편이 나쁜, 불리한, 거슬리는, 바람직하지 못한	형	**unfavorable** [ʌnféivərəbəl]

36	연	연, 여언, 그리워하다, 동경하다, 사모하다, 그리다	동	yearn [jəːrn]
37	락	악명 높은, (나쁜 의미로) 소문난, 유명한,	형	notorious [noutɔ́ːriəs]
38	선	선버언, 햇볕에 타다, 햇볕에 태우다; 볕에 탐	동	sunburn [sʌ́nbə̀ːrn]
39	마	마더레이션, 완화, 절제, 적당, 온건, 중용	명	moderation [mὰdəréiʃ-ən]
40	다	다이네믹, 동력의, 동적인, 힘 있는, 활기 있는, 정력적인	형	dynamic [dainǽmik]
41	목	목커리, 마커리, 비웃음, 냉소, 놀림, 모멸, 흉내, 가짜	명	mockery [mάkəri, mɔ́(ː)k-]
42	메	메더테이트, 명상하다, 숙려하다, 숙고하다, 계획하다	동	meditate [médətèit]
43	여	여태껏, 지금까지, 이제까지 (up to now), 여기까지		so far
44	불	불화, 불일치, 내분, 알력, 불협화음	명	discord [dískɔːrd]
45	러	러스트, 욕망, 갈망, 육욕, 색욕 ; 갈망하다, 열망하다	명	lust [lʌst]
46	봐	봐이얼레이트, (약속 · 맹세 · 법률 등을) 어기다, 더럽히다, 침해하다	동	violate [váiəlèit]
47	도	도발하다, 자극하다, 유발시키다, 일으키다, 성나게 하다	동	provoke [prəvóuk]

48	대	대표자, 대리인, 파견위원, 대의원 ; 위임하다	명	delegate [déligit, -gèit]
49	답	답보, 막힘, 멈춤, 정지, 휴지	명	standstill [stǽndstìl]
50	업	업호울드, 떠받치다, (들어) 올리다, 지지하다, 변호하다	동	uphold [ʌphóuld]
51	는	언커버, 폭로하다, 적발하다, 밝히다, 노출하다	동	uncover [ʌnkʌ́vər]
52	내	내주다, 양보하다, 양도하다, 포기하다, 굴복하다	동	yield [jiːld]
53	형	형제의, 형제 같은, 우애의	형	fraternal [frətə́ːrn-əl]
54	제	제퍼디, 위험(risk) ; be in jeopardy 위험에 처해 있다	명	jeopardy [dʒépərdi]
55	여	여분의, 남아돌아가는, 예비의 ; 절약하다, 아끼다	형	spare [spɛəːr]
56	돌	돌뻘, 도울뻘, 슬픈, 쓸쓸한, 음울한	형	doleful [dóulfəl]
57	아	아틱, 북극의, 북극 지방의, 극한의, 극한용의	형	arctic [áːrtik]
58	와	와인드, 꼬불꼬불 구부러지다, 굽이치다, 굴곡하다, 감다, 휘감다	동	wind [waind]
59	요	요소, 인자, 요인, 인수, 약수	명	factor [fǽktər]

60	부	부스트, (뒤에서 · 밑에서) 밀어 올리다, 격려하다, 후원하다, 밀어주다	동	**boost** [buːst]
61	산	산산이 흩어지게 하다, 해산시키다, 뿔뿔이 헤어지게 하다	동	**disperse** [dispə́ːrs]
62	항	항소하다, 호소하다, 간청하다, 간원하다, 항의하다	동	**appeal** [əpíːl]
63	에	에일, ~을 괴롭히다, 고통을 주다 ; 괴로움, 고민, 병	동	**ail** [eil]
64	그	그레이브, 중대한, 예사롭지 않은, (병이) 위독한, 진지한, 근심스러운	형	**grave** [greiv]
65	리	리지드, 굳은, 단단한, 완고한, 엄격한, 엄정한, 엄밀한	형	**rigid** [rídʒid]
66	운	운드, 우운드, 부상, 상처 ; 상처를 입히다, 해치다, 상처 내다	명	**wound** [wuːnd]
67	내	내주다, 양보하다, 양도하다, 포기하다, 굴복하다	동	**yield** [jiːld]
68	형	형제의, 형제 같은, 우애의	형	**fraternal** [frətə́ːrn-əl]
69	제	제퍼디, 위험(risk) ; be in jeopardy 위험에 처해 있다	명	**jeopardy** [dʒépərdi]
70	여	여분의, 남아돌아가는, 예비의 ; 절약하다, 아끼다	형	**spare** [spεəːr]

30 돌아와요 부산항에 2절

1	가	가브, 복장, 옷매무새, 옷차림, 외관 ; ~의 복장을 하다	명	garb [gɑːrb]
2	고	고통을 주다, 괴롭히다, 고민케 하다	동	afflict [əflíkt]
3	파	파슬, 꾸러미, 소포, 소화물 ; 뭉뚱그리다, 꾸러미로 하다	명	parcel [páːrsəl]
4	목	목커리, 마커리, 비웃음, 냉소, 놀림, 모멸, 흉내, 가짜	명	mockery [mákəri, mɔ́(ː)k-]
5	이	이니쉬에이트, 시작하다, 개시하다, 창시하다, 창설하다	동	initiate [iníʃièit]
6	메	메스, 혼란, 난잡, 어수선함, 불결, 더러운 것, 곤란한 상태	명	mess [mes]
7	어	어스빠이어, 열망하다, 포부를 갖다, 대망을 품다, 갈망하다	동	aspire [əspáiər]
8	부	부티, 노획물, 전리품, 약탈품, (사업 등의) 이득	명	booty [búːti]
9	르	러브, 문지르다, 비비다, 마찰하다, 문질러 지우다	동	rub [rʌb]
10	던	던스, 열등생, 저능아, 바보	명	dunce [dʌns]
11	이	이니쉬에이트, 시작하다, 개시하다, 창시하다, 창설하다	동	initiate [iníʃièit]

12	거	거주, 주거, 주택, 거처, 거주지, 소재지	명	**residence** [rézid-əns]
13	리	리지, 산마루, 산등성이, 능선, 분수선, 이랑, 두둑	명	**ridge** [ridʒ]
14	는	언더라잉, 밑에 있는, 기초가 되는, 근원적인(fundamental)	형	**underlying** [ʌndərláiiŋ]
15	그	그레이브, 중대한, 예사롭지 않은, (병이) 위독한, 진지한, 근심스러운	형	**grave** [greiv]
16	리	리지드, 굳은, 단단한, 완고한, 엄격한, 엄정한, 엄밀한	형	**rigid** [rídʒid]
17	워	워런트, 근거, 정당한 이유, 보증, 보증서 ; 보증하다, 보장하다	명	**warrant** [wɔ́(:)rənt, wɑ́r-]
18	서	서블라임, 장대한, 웅대한, 장엄한, 탁월한, 최고의, 빼어난	형	**sublime** [səbláim]
19	헤	헤미스삐어, 반구, 반구체, 범위	명	**hemisphere** [hémisfiər]
20	메	메트로폴리스, 수도, 중심도시, 대도시	명	**metropolis** [mitrɑ́pəlis]
21	이	이니쉬에이트, 시작하다, 개시하다, 창시하다, 창설하다	동	**initiate** [iníʃièit]
22	던	던스, 열등생, 저능아, 바보	명	**dunce** [dʌns]
23	긴	긴장시키다, 잡아당기다, 꽉 죄다, 긴장하다	동	**strain** [strein]

24	긴	긴장시키다, 잡아당기다, 꽉 죄다, 긴장하다	동	strain [strein]
25	날	날랜, 빠른, 신속한, 순식간의, 즉석의, 즉각적인	형	swift [swift]
26	의	의무적인, 강제된, 강제적인, 필수의	형	compulsory [kəmpʌ́lsəri]
27	꿈	꿈, 환영(幻影), 환각, 착각, 망상, 환상, 잘못된 생각	명	illusion [ilú:ʒən]
28	이	이네이트, 타고난, 생득의, 천부의, 선천적인, 본질적인	형	innate [inéit]
29	얻	얻터, 어터, (목소리 · 말 따위를) 내다, 말하다, 발음하다, 발언하다	동	utter [ʌ́tər]
30	지	지니얼, (날씨가) 온화한, 기분 좋은, 쾌적한, 다정한, 친절한	형	genial [dʒí:njəl, -niəl]
31	언	언두, 원상태로 돌리다, 취소하다, 풀다, 늦추다, 끄르다	동	undo [ʌndú:]
32	제	제뉴인, 진짜의, 정짜의, 저자 친필의, 진심에서 우러난	형	genuine [dʒénjuin]
33	나	나약한, 연약한, 약한, 힘없는, 기력이 없는, 미약한	형	feeble [fí:bəl]
34	말	말리다, 설득하다, 납득시키다, 권유하여 ~하게 하다	동	persuade [pə:rswéid]
35	이	이네이트, 타고난, 생득의, 천부의, 선천적인, 본질적인	형	innate [inéit]

36	업	업호울드, 떠받치다, (들어) 올리다, 지지하다, 변호하다	동	**uphold** [ʌphóuld]
37	는	언커버, 폭로하다, 적발하다, 밝히다, 노출하다	동	**uncover** [ʌnkʌ́vər]
38	저	저머네이트, 싹트다, 발아하다, 자라기 시작하다, 커지다	동	**germinate** [ʤə́ːrmənèit]
39	물	물러나다, 퇴각하다, 멀어지다, 철회하다, 손을 떼다	동	**recede** [risíːd]
40	결	결론적으로, 결과적으로		**in conclusion**
41	들	들떠 있는, 침착하지 못한, 잠을 이룰 수 없는, 활동적인	형	**restless** [réstlis]
42	도	도미니언, 지배권, 통치권, 주권, 통제	명	**dominion** [dəmínjən]
43	부	부점, 가슴, 흉부, 가슴속, 내부 ; 가슴에 품다	명	**bosom** [búzəm, búː-]
44	딧	딧스트리뷰트, 분배하다, 배포하다, 배급하다, 살포하다	동	**distribute** [distríbjuːt]
45	쳐	쳐들어가다, 침입하다, 침공하다, 침략하다	동	**invade** [invéid]
46	슬	슬픔, 비애, 비통, 고뇌, 화, 재난	명	**woe** [wou]
47	퍼	퍼플렉스, 당혹케 하다, 난감하게 하다, 혼란에 빠뜨리다	동	**perplex** [pərpléks]

48	하	**하리드, 호리드,** 무서운, 매우 불쾌한, 지겨운	형	**horrid** [hɔ́ːrid, hár-]
49	머	**머슬,** 근육, 힘줄, 완력, 압력, 강제	명	**muscle** [mʌ́s-əl]
50	가	**가번,** 통치하다, 다스리다, 지배하다, 억제하다	동	**govern** [gʌ́vərn]
51	는	**언더고우,** (영향 · 변화 · 검사 따위를) 받다, 입다, 경험하다, 겪다	동	**undergo** [ʌ̀ndərgóu]
52	길	**길티,** 유죄의, ~의 죄를 범한, 떳떳하지 못한, 과실이 있는	명	**guilty** [gílti]
53	을	**얼라이트,** 내리다, 하차하다, 착륙하다, 내려앉다	동	**alight** [əláit]
54	막	(~을) **막론하고,** ~은 말할 것도 없이,		**not to speak of ~ = to say nothing of ~**
55	았	**았티스틱,** 예술의, 미술의, 예술적인, 멋이 있는	형	**artistic** [ɑːrtístik]
56	었	**었터, 어터,** (목소리 · 말 따위를) 내다, 말하다, 발음하다, 발언하다	동	**utter** [ʌ́tər]
57	지	**지니얼,** (날씨가) 온화한, 기분 좋은, 쾌적한, 다정한, 친절한	형	**genial** [dʒíːnjəl, -niəl]
58	돌	**돌뻘, 도울뻘,** 슬픈, 쓸쓸한, 음울한	형	**doleful** [dóulfəl]
59	아	**아틱,** 북극의, 북극 지방의, 극한의, 극한용의	형	**arctic** [ɑ́ːrtik]

60	왔	왔 이즈 콜드, 소위, 이른바		what is called= what we[you] call
61	다	다듬다, 손질하다, 정돈하다, 꾸미다, 깎아 다듬다	동	trim [trim]
62	부	부스트, (뒤에서 · 밑에서) 밀어 올리다, 격려하다, 후원하다, 밀어주다	동	boost [buːst]
63	산	산산이 흩어지게 하다, 뿔뿔이 헤어지게 하다, 해산시키다	동	disperse [dispə́ːrs]
64	항	항소하다, 호소하다, 간청하다, 간원하다, 항의하다	동	appeal [əpíːl]
65	에	에일, ~을 괴롭히다, 고통을 주다 ; 괴로움, 고민, 병	동	ail [eil]
66	그	그레이브, 중대한, 예사롭지 않은, (병이) 위독한, 진지한, 근심스러운	형	grave [greiv]
67	리	리지드, 굳은, 단단한, 완고한, 엄격한, 엄정한, 엄밀한	형	rigid [rídʒid]
68	운	운드, 우운드, 부상, 상처 ; 상처를 입히다, 해치다, 상처 내다	명	wound [wuːnd]
69	내	내주다, 양보하다, 양도하다, 포기하다, 굴복하다	동	yield [jiːld]
70	형	형제의, 형제 같은, 우애의	형	fraternal [frətə́ːrn-əl]
71	제	제퍼디, 위험(risk) ; be in jeopardy 위험에 처해 있다	명	jeopardy [dʒépərdi]
72	여	여분의, 남아돌아가는, 예비의 ; 절약하다, 아끼다	형	spare [spɛəːr]

Part Ⅵ

노래가사 첫말잇기로 자동암기

속담모음

순서

1. 남의 떡이 커 보인다.
2. 나쁜 소식 빨리 퍼진다.
3. 작은 고추가 맵다.
4. 잔치 뒤에 계산서가 따른다.
5. 클수록 요란하게 넘어진다.
6. 선견지명보다 때 늦은 지혜가 낫다.
7. 엎친 데 덮친 격
8. 벼락은 같은 장소에 두 번 떨어지지 않는다.
9. 무소식이 희소식
10. 진실만큼 괴로운 것은 없다.
11. 피는 물보다 진하다.
12. 친할수록 더 예의를 잘 지켜라.
13. 유유상종
14. 뭉치면 산다.
15. 손바닥도 마주쳐야 소리가 난다.
16. 친구를 보면 그 사람을 안다.
17. 백지장도 맞들면 낫다.
18. 둘은 친구가 되지만 셋은 삼각관계가 된다.
19. 하루에 사과 하나면 병원을 멀리할 수 있다.
20. 상대를 이기지 못하면 차라리 한편이 되라.
21. 절이 싫으면 중이 떠나야 한다.
22. 긁어 부스럼
23. 돌다리도 두들겨보고 건너야.
24. 쇠뿔도 단김에 빼라.
25. 쇠도 달구어졌을 때 때려야한다.
26. 로마에 가면 로마법을 따르라.
27. 자선은 가정에서 시작된다.
28. 분수에 맞는 일을 해라.
29. 은혜 베푼 사람 배반하지마라.
30. 엎질러진 물은 다시 담을 수 없다.
31. 뚝배기보다 장맛
32. 역지사지
33. 선물로 받은 말의 입속을 들여다보지 마라.
34. 김칫국부터 마시지마라.
35. 계란을 한 바구니에 담지마라.
36. 오늘 할 일을 내일로 미루지 마라.
37. 마차를 말 앞에 대지마라.
38. 오십 보 백 보
39. 아니 땐 굴뚝에 연기나랴.
40. 시작이 반이다
41. 유비무환
42. 망설이는 자는 기회를 잃는다.
43. 제 눈에 안경
44. 고통 없이는 아무것도 얻을 수 없다.
45. 호랑이굴에 가야 호랑이를 잡지.
46. 펜은 칼보다 강하다.
47. 연습하면 완벽해진다.
48. 로마는 하루아침에 이루어진 게 아니다.
49. 우는 아이 젖 준다.
50. 배움에는 나이가 없다.
51. 배고픈 사람이 찬밥 더운밥 가리랴.
52. 제 버릇 개 못 준다.
53. 사람은 빵으로만 살 수 없다.
54. 말을 물로 끌고 갈 수는 있어도 물을 강제로 먹일 수는 없다.
55. 제비 한 마리 왔다고 여름이 온 것은 아니다.
56. 최후의 승자가 진정한 승자다.
57. 세 살 버릇 여든 간다.
58. 호랑이 없는 굴에 토끼가 왕
59. 한사람에게 약이 되는 일이 다른 사람에게 독이 되기도 한다.
60. 금강산도 식후경
61. 천리 길도 한걸음부터.
62. 태산명동 서일필

01 The grass is always greener on the other side of the fence.
남의 떡이 커 보인다.

1	남	남다른, 이상한, 보통이 아닌, 유별난	형	unusual [ʌnjúːʒuəl]
2	의	의도적인, 고의의, 계획적인, 숙고한, 생각이 깊은, 신중한	형	deliberate [dilíbərit]
3	떡	떡값, 뇌물 ; 매수하다	명	bribe [braib]
4	이	이노베이션, (기술)혁신, 일신, 쇄신, 개혁	명	innovation [ìnouvéiʃən]
5	커	커티어스, 예의바른, 정중한, 친절한	형	courteous [kə́ːrtiəs]
6	보	보울, 사발, 주발, 공기, 큰 잔	명	bowl [boul]
7	인	인설트, 모욕, 무례, 모욕행위, 무례한 짓	명	insult [ínsʌlt]
8	다	다이렉터리, 주소, 성명록, 전화번호부	명	directory [dairéktəri, di-]

02 Bad news travels fast.
나쁜 소식 빨리 퍼진다.

1	나	나블, 소설 ; 새로운, 신기한, 이상한	명	novel [nάv-əl]

2	뻔	뻔드멘틀, 기초의, 기본의, 근본적인, 중요한	형	fundamental [fʌndəméntl]
3	소	소스, 원천, 근원, 근본	명	source [sɔːrs]
4	식	식큐러티, 시큐러티, 안전, 무사, 안심	명	security [sikjú-əriti]
5	빨	빨로우어, 추종자, 신봉자, 수행자, 수행원, 추적자,	명	follower [fálouəːr]
6	리	리드 업 투 ~, 점차 ~로 유도하다 ; 이야기를 ~로 이끌어 가다, 결국은 ~란 것이 되다		lead up to ~
7	퍼	퍼제스, 소유하다, 가지고 있다, 지니다, 갖추다	동	possess [pəzés]
8	진	진력하다, 노력하다, 애쓰다	동	endeavor [endévər]
9	다	다이스, 주사위, 주사위놀이, 노름	명	dice [dais]

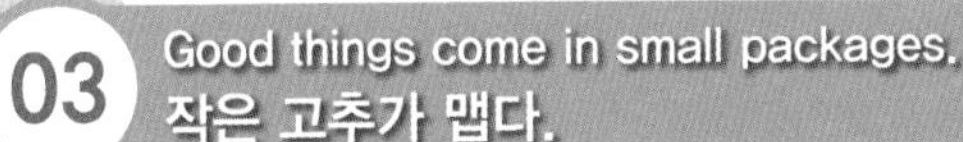

03 Good things come in small packages. 작은 고추가 맵다.

1	작	작심하다, 결심하다, 결정하다, 결심시키다, 분해하다	동	resolve [rizálv]
2	은	언리미티드, 한없는, 끝없는, 무제한의	형	unlimited [ʌnlímitid]

3	고	고객, 단골손님, 소송의뢰인	명	client [kláiənt]
4	추	추즈, 고르다, 선택하다, 선정하다	동	choose [tʃuːz]
5	가	가스펄, 복음, 예수님과 사도들의 가르침, 복음서	명	gospel [gáspəl / gɔ́s-]
6	맵	맵시, 모양, 방식, 문체, 말씨	명	style [stail]
7	다	다트, 점, 작은 점, 점선	명	dot [dɑt]

04 After the feast comes the reckoning.
잔치 뒤에 계산서가 따른다.

1	잔	잔치, 축연, 축제, 향연	명	feast [fiːst]
2	치	치어뻘, 기분 좋은, 기운찬, 마음을 밝게 하는, 즐거운	형	cheerful [tʃíərfəl]
3	뒤	뒤에서, 없는 데서, ~이 없을 경우		in the absence of ~
4	에	에런드, 심부름, 용건, 볼일	명	errand [érənd]
5	계	계기, 요소, 여세, 힘, 운동량	명	momentum [mouméntəm]

6	산	산업의, 공업의, 산업용의	형	industrial [indʌ́striəl]
7	서	서브스튼스, 섭스튼스, 물질, 실체, 본체, 본질	명	substance [sʌ́bstəns]
8	가	가글, 고글, 보호안경, 잠수용 보안경	명	goggle [gɑ́gəl / gɔ́glə]

9	따	따르다, 지키다, 준수하다, 관찰하다	동	observe [əbzə́ːrv]
10	른	언엑스, 애넥스, 부가하다, 추가하다, 합병하다	동	annex [ənéks, æn-]
11	다	다이어그노우스, 진단하다, 원인을 규명하다	동	diagnose [dáiəgnòus]

05 The bigger they are, the harder they fall. 클수록 요란하게 넘어진다.

1	클	클렌즈, 정결하게 하다, 깨끗하게 하다, 정화하다	동	cleanse [klenz]
2	수	수퍼플루어스, 남는, 여분의, 불필요한	형	superfluous [suːpə́ːrfluəs]
3	록	록킹, 락킹, 흔들리는, 흔들림, 진동	형	rocking [rɔ́kiŋ/ rɑ́k-]

4	요	요구하다, 청구하다, 주장하다	동	claim [kleim]

5	란	난감하게 하다, 당혹케 하다	동	perplex [pərpléks]
6	하	하뜨, 난로, 노변, 화덕	명	hearth [hɑ:rθ]
7	게	게스워억, 억측, 어림짐작	명	guesswork [g[és-wə:rk]
8	넘	넘, 감각을 잃은, 얼어서 곱은, 마비된	형	numb [nʌm]
9	어	어드벤쳐, 모험, 모험담, 체험담	명	adventure [ə/ædvéntʃər, əd-]
10	진	진급, 승진, 승격, 진흥, 장려	명	promotion [prəmóuʃən]
11	다	다량의, 많은		a good deal of ~

06 Insight is better than foresight. 선견지명보다 때 늦은 지혜가 낫다.

1	선	선번, 볕에 그을리다, 볕에 태우다 ; 볕에 탐	동	sunburn [sʌ́nbə̀:rn]
2	견	견디다, 인내하다, 경험하다, 받다	동	endure [endjúər]
3	지	지오그레피, 지리학, 지리, 지세	명	geography [dʒi:ɑ́grəfi]

4	명	명백한, 명확한, 명료한	형	obvious [ɑ́bviəs]
5	보	보미트, 보밋, 토하다, 게우다, 분출하다	동	vomit [vɑ́mit / vɔ́m-]
6	다	다이제스쳔, 소화, 소화력, 흡수력	명	digestion [daidʒéstʃən, di-]
7	때	때, 오물, 불결물, 진흙	명	dirt [dəːrt]
8	늦	늦추다, 미루다, 연기하다		put off
9	은	언베리, 무덤에서 파내다, 발굴하다, 폭로하다	동	unbury [ʌnbéri]
10	지	지니어스, 천재, 비상한 재주	명	genius [dʒíːnjəs]
11	혜	혜택이 있는, 유익한, 이익을 가져 오는, 수익을 얻는	형	beneficial [bènəfíʃəl]
12	가	가드너, 정원사, 원예가, 채소 재배자	명	gardener [gɑ́ːrdnər]
13	낫	낫 ~ 앳 얼, 전혀 ~ 아니다		not ~ at all
14	다	다가오다, 접근하다		come near

07 It never rains but it pours. 엎친 데 덮친 격

1	엎	엎(어)피런스, 출현, 출두, 기색, 징조, 외관, 겉보기, 모양, 모습	명	**appearance** [əpíərəns]
2	친	친한, 가까운, 친밀한, 익숙한	형	**familiar** [fəmíljər]
3	데	데어, 감히 ~하다, 대담하게 ~하다, 무릅쓰다, ~에 도전하다	동	**dare** [dɛər]
4	덮	덮어두다, 눈감아주다, 너그럽게 보아 주다	동	**overlook** [òuvərlúk]
5	친	친한, 우호적인, 마음에 드는	형	**friendly** [fréndli]
6	격	격려하다, 용기를 돋우다, 고무하다, 권하다	동	**encourage** [enkə́:ridʒ]

08 Lightening never strikes twices in the same place. 벼락은 같은 장소에 두 번 떨어지지 않는다.

1	벼	벼락치기하다, 당일치기 공부하다, 억지로 밀어 넣다	동	**cram** [kræm]
2	락	락킹체어, 흔들의자	명	**rockingchair** [rákiŋ-tʃɛər]
3	은	언네서세리, 불필요한, 쓸데없는, 무용의	형	**unnecessary** [ʌnnésəsèri / -səri]

4	같	~ 같은, ~에 못지않은 ~와 매 한가지인		as good as ~
5	은	언프리페어드, 준비가 없는, 즉석의	형	unprepared [ʌnpripέərd]
6	장	장, 단락, 절, 절단, 분할 ; 분할하다, 구분하다	명	section [sékʃ-ən]
7	소	소울, 영혼, 넋, 정신, 마음	명	soul [soul]
8	에	에띠컬, 도덕상의, 윤리적인, 윤리에 맞는	형	ethical [éθikəl]
9	두	두크, 듀크, 공작, 군주	명	duke [dju:k]
10	번	번들, 묶음, 묶은 것, 꾸러미, 무리, 일단	명	bundle [bʌ́ndl]
11	떨	떨리게 하다, 오싹하게 하다, 감격시키다	동	thrill [θril]
12	어	어뽀드, ~할 여유가 있다, 주다, 제공하다	동	afford [əfɔ́:rd]
13	지	지아머트리, 기하학	명	geometry [dʒi:ámətri]
14	지	지오그래퍼, 지리학자	명	geographer [dʒi:ágrəfər]
15	않	않을 수 없다, ~할 수 밖에 없다, ~하는 것을 피할 수 없다		cannot help ~ing

16	는	언디나이어블, 부인할 수 없는, 부정할 수 없는, 명백한	형	**undeniable** [ʌndináiəbəl]
17	다	다안, 감치다, 깁다, 꿰매다	동	**darn** [dɑːrn]

09 No news is good news. 무소식이 희소식

1	무	무늬, 도안, 형, 양식, 모범	명	**pattern** [pǽtərn]
2	소	소킷, 꽂는[끼우는] 구멍, (전구 따위를 끼우는) 구멍	명	**socket** [sɔ́kit / sάk-]
3	식	식별하다, 밝히다, 확인하다, 동일시하다	동	**identify** [aidéntəfài]
4	이	이그너런스, 무지, 무식, 모름	명	**ignorance** [ígnərəns]
5	희	희귀한, 드문, 부족한, 적은, 결핍한	형	**scarce** [skεəːrs]
6	소	소일, 토양, 흙, 표토, 토질	명	**soil** [sɔil]
7	식	식, 시익, 찾다, 추구하다, 조사하다	동	**seek** [siːk]

10 Nothing hurts like the truth.
진실만큼 괴로운 것은 없다.

1	진	진귀한, 귀중한, 가치가 있는, 비싼	형	precious [préʃəs]
2	실	실, 인장, 날인, 조인, 봉인,	명	seal [siːl]
3	만	만료하다, 완성하다, 달성하다	동	complete [kəmplíːt]
4	큼	컴(큼)바인, 결합시키다, 합병[합동]시키다, 결합하다, 연합하다	동	combine [kəmbáin]
5	괴	괴롭히다, 애먹이다, 시달리게 하다	동	harass [hǽrəs]
6	로	로우, 노를 젓다 ; 노	동	row [rou]
7	운	운반인, 짐꾼, 포터	명	porter [pɔ́ːrtər]
8	것	거룩한, 신성한, 정결한, 경건한	형	holy [hóuli]
9	은	언플레즌트, 불쾌한, 기분 나쁜, 싫은	형	unpleasant [ʌnplézənt]
10	없	업홀드, (떠)받치다, 올리다, 지지하다	동	uphold [ʌdphóuld]
11	다	다소, 얼마간, 어느 정도		more or less

11 Blood is thicker than water. 피는 물보다 진하다.

1	피	피어스, 꿰찌르다, 꿰뚫다, 관통하다, 뚫다	동	pierce [piərs]
2	는	언퍼밀리어, 생소한, 익숙지 못한	형	unfamiliar [ʌ̀nfəmíljər]
3	물	물려받다, 상속하다, 유전하다	동	inherit [inhérit]
4	보	보케이셔늘, 직업의, 직업상의, 직업에 이바지하는	형	vocational [voukéiʃənəl]
5	다	다운폴, 쏟아짐, 낙하, 몰락, 추락	명	downfall [daun-fɔ́:l]
6	진	진열하다, 전시하다, 나타내다, 보이다	동	display [displéi]
7	하	하우스, 숙박시키다, ~에 거처할 곳을 주다, 유숙시키다, 저장하다	동	house [haus]
8	다	다수의, 많은 수의		a number of ~

12 Familiarity breeds contempt. 친할수록 더 예의를 잘 지켜라.

1	친	친, 턱, 턱끝	명	chin [tʃin]

2	할	할러코스트, 홀로코스트, 대학살, 대파괴, 전부 태워 죽임	명	holocaust [háləkɔ̀:st, hóu-]
3	수	수퍼비전, 관리, 감독, 지휘, 감시	명	supervision [sù:pərvíʒən]
4	록	록컬, 로우컬, 지방의, 고장의, 지역의	형	local [lóukəl]
5	더	더스트, 먼지, 티끌, 흙	명	dust [dʌst]
6	예	예약하다, 예비해 두다, 비축하다	동	reserve [rizə́:rv]
7	의	의존하는, 의지하고 있는	형	dependent [dipéndənt]
8	를	얼티미틀리, 궁극적으로, 마지막으로	부	ultimately [ʌ́ltəmitli]
9	잘	잘 익다, 익다, 성숙하다, 원숙하다	동	ripen [ráip-ən]
10	지	지저귀다, 찍찍 울다, 재잘재잘 지껄이다	동	twitter [twítə:r]
11	켜	(라디오 · 불 등을) 켜다		turn on
12	라	라이징, 오르는, 올라가는	형	rising [ráiziŋ]

13 Birds of a feather, flock together.
유유상종

1	유	유니티, 단일, 유일, 단일체, 통일(성)	명	unity [júːnəti]
2	유	유니온, 결합, 합일, 합동, 일치, 조합, 동맹	명	union [júːnjən]
3	상	상, 상품, 수상 ; 수여하다	동	award [əwɔ́ːrd]
4	종	종업원, 고용인, 사용인	명	employee [implɔ́iiː]

14 In unity there is strength.
뭉치면 산다.

1	뭉	뭉치다, 결합하다, 합하다, 단결하다	동	unite [juːnáit]
2	치	치킨, 겁쟁이, 애송이	명	chicken [tʃíkin]
3	면	면, 국면, 양상, 모습, 정세, 견지	명	aspect [ǽspekt]
4	산	산업, 공업, 근면	명	industry [índəstri]
5	다	다이버전, 딴 데로 돌림, 전환, 유용	명	diversion [daivə́ːrʒən, -ʃən, di-]

15 It takes two to tango.
손바닥도 마주쳐야 소리가 난다.

1	손	손 놓다, 그만두다, 멈추다, ~하지 않게 되다	동	cease [si:s]
2	바	바이알러지, 생물학, 생태학	명	biology [baiáləd3i]
3	닥	닥터린, 교리, 교의, 주의, 신조, 공식 정책	명	doctrine [dáktrin / dɔ́k-]
4	도	도구, 기계, 기구, 수단	명	instrument [ínstrəmənt]
5	마	마이뉴트, 사소한, 하찮은, 미세한, 상세한, 정밀한	형	minute [mainjú:t, mi-]
6	주	주얼리, 귀금속, 보석류	명	jewelry [dʒú:əlri]
7	쳐	쳐부수다, 지우다, 좌절시키다	동	defeat [difí:t]
8	야	야단법석, 소란, 소동, 노고, 고심 ; without ado 소란피우지 않고	명	ado [ədú:]
9	소	소우 투 스삐익, 말하자면 : The dog is, so to speak, a member of the family. 그 개는, 말하자면, 가족의 일원이나 같다.		so to speak
10	리	리즌, 이유, 까닭, 도리, 이성	명	reason [rí:z-ən]
11	가	가-알릭, 마늘	명	garlic [gá:rlik]

12	난	난 벗, ~ 외에는 아무도 ~않다		none but ~
13	다	다우, 그대, 당신, 주격 you의 고어형	대	thou [ðau]

16 A man is known by the company he keeps. 친구를 보면 그 사람을 안다.

1	친	친구, 동료, 동지, 벗, 전우, 같은 조합의 사람	명	comrade [kάmræd]
2	구	구역, 구간, 큰 덩이	명	block [blɑk]
3	를	얼라우드, 큰 소리로, 소리 내어	부	aloud [əláud]
4	보	보이드, 빈, 공허한, 무효의, 없는	형	void [vɔid]
5	면	면제하다, 면역성을 주다	동	exempt [igzémpt]
6	그	그로뜨, 성장, 발육, 생성, 발전, 증대	명	growth [grouθ]
7	사	사탄, 악마, 마왕	명	Satan [séit-ən]
8	람	남모르는, 숨겨진, 숨은, 비밀의	형	hidden [hídn]

9	얼	얼티메이트, 최후의, 마지막의, 궁극의	형	ultimate [ʌ́ltəmit]
10	안	안심시키다, 안도케 하다, 경감하다, 덜다	동	relieve [rilíːv]
11	다	다양성, 변화, 가지각색, 상이	명	variety [vəráiəti]

17 Two heads are better than one. 백지장도 맞들면 낫다.

1	백	백 업, 후원하다,		back up
2	지	지원자, 응모자, 출원자, 후보자, 신청자	명	applicant [ǽplikənt]
3	장	장례식, 장례	명	funeral [fjúːn-ərəl]
4	도	도미네이트, 지배하다, 통치하다	동	dominate [dɔ́/ámənèit]
5	맞	(꼭) 맞는, 알맞은, 적당한, 어울리는, 건강이 좋은	형	fit [fit]
6	들	들러붙다, 매달리다, 붙들고 늘어지다		cling to
7	면	면허, 허가, 허용, 인가	명	permission [pəːrmíʃən]

8	낫	낫 온리 A 벗 올소우 B, A뿐만 아니라 B도 또한		not only A but also B
9	다	다가오다, 가까워지다, 종말에 가까워지다		draw to an end

18 Two's company but three's crowd. 둘은 친구가 되지만 셋은 삼각관계가 된다.

1	둘	둘러싸다, 에워싸다, 동봉하다	동	enclose [enklóuz]
2	은	은닉하다, 숨기다, 비밀로 하다	동	conceal [kənsíːl]
3	친	친밀한, 친한, 절친한, 깊은	형	intimate [íntəmit]
4	구	구경, 여행, 관광여행, 유람여행	명	tour [tuəːr]
5	가	가이저, 간헐천 ; 분출하다	명	geyser [gáizər, -sər]
6	되	되찾다, 만회하다, 회복하다	동	recover [rikʌ́vəːr]
7	지	지알러지스트, 지질학자	명	geologist [dʒìːálədʒist]
8	만	만나다, 직면하다 마주치다	동	confront [kənfrʌ́nt]

9	셋	셋팅, 환경, 주위, 놓기, 설치, 설정	명	setting [sétiŋ]
10	언	언빌리버블, 믿을 수 없는, 거짓말 같은	형	unbelievable [ʌ̀nbilíːvəbəl]
11	삼	삼투시키다, 적시다, 흠뻑 적시다	동	saturate [sǽtʃərèit]
12	각	각광, 주시, 관심, 스포트라이트	명	spotlight [spɑ́tlàit]
13	관	관련시키다, 관계시키다, 관계가 있다	동	relate [riléit]
14	계	계획, 기획, 설계, 책략	명	scheme [skiːm]
15	가	가이즈, 외관, 외양, 겉치레, 겉보기 ; 변장하다, 가장하다, 위장하다	명	guise [gaiz]
16	되	되찾다, 회복하다, ~에 귀착하다	동	regain [rigéin]
17	다	다이멘션, 디멘션, 치수, 차원, 범위, 규모	명	dimension [daiménʃən, di-]

19 An apple a day keeps the doctor away.
하루에 사과 하나면 병원을 멀리할 수 있다.

1	하	하스피탤러디, 환대, 후한대접, 친절, 호의	명	hospitality [hɑ̀spitǽləti]

2	루	루트, 도로, 길, 통로, 노선, 수단, 방법	명	route [ruːt]
3	에	에디토리얼, 편집의 ; 사설, 논설	형	editorial [èdətɔ́ːriəl]
4	사	사나운, 귀에 거슬리는, 호된, 모진, 가혹한	형	harsh [hɑːrʃ]
5	과	과감한, 대담한, 용감한, 앞뒤를 가리지 않는	형	daring [dέəriŋ]
6	하	하드쉽, 고난, 고초, 곤란, 곤궁	명	hardship [hɑ́ːrdʃip]
7	나	나아카틱틱, 나르코틱, 마취성의, 최면성의, 마약의	형	narcotic [nɑːrkɑ́tik]
8	면	면, 점, 관점, 관계, 관련 ; in this respect 이런 면에서 ; 존경, 경의	명	respect [rispékt]
9	병	병균, 병원균, 세균	명	germ [dʒəːrm]
10	원	원드러스, 놀랄만한, 불가사의한, 이상한	형	wondrous [wʌ́ndrəs]
11	을	얼 벗, ~을 제외한 전부, 거의, 거반		all but
12	멀	멀리셔스, 악의 있는, 심술궂은, 부당한	형	malicious [məlíʃəs]
13	리	리젬블, 닮다, ~와 공통점이 있다	동	resemble [rizémb-əl]

14	할	할로우, 속이 빈, 우묵한	형	hollow [hálou]
15	수	수퍼스티셔스, 미신적인, 미신에 사로잡힌	형	superstitious [sù:pərstíʃəs]
16	있	있(이)펙티블리, 유효하게, 효과적으로, 효율적으로, 실제로	부	effectively [iféktivli]
17	다	다그치다, 재촉하다, 몰아대다, 강제하다, 하게 ~하게하다	동	impel [impél]

20 If you can't beat them, join them. 상대를 이기지 못하면 차라리 한편이 되라.

1	상	상냥한, 부드러운, 친절한, 애정이 깃든	형	tender [tendə:r]
2	대	대기하다, 준비하다		stand by
3	를	얼루드, 언급하다, 비추다, 암시하다	동	allude [əlú:d]
4	이	이메지네이션, 상상, 상상력, 창작력, 공상	명	imagination [imædʒənéiʃən]
5	기	기븐, 주어진, 정해진	형	given [gívən]
6	지	지일, 열중, 열의, 열심, 열정, 열성	명	zeal [zi:l]

7	못	못생긴, 예쁘지 않은, 보통의, 평이한	형	**plain** [plein]
8	하	하들리, 거의 ~않다, 간신히, 애써서	부	**hardly** [hɑ́:rdli]
9	면	면모, 용모, 얼굴, 얼굴의 생김새, 특징	명	**feature** [fí:tʃər]
10	차	차지, 부담시키다, 청구하다, 부과하다	동	**charge** [tʃɑ:rdʒ]
11	라	라이트 핸드, 오른손의, 우측의, 오른 손잡이의	형	**right-hand** [ráit-hǽnd]
12	리	리엘러티, 진실, 진실성, 본성, 사실, 현실, 실체	명	**reality** [ri:ǽləti]
13	한	한담을 나누다, 잡담하다, 담화하다, 이야기하다	동	**chat** [tʃæt]
14	편	편리한, 사용하기 쉬운, 편의한	형	**convenient** [kənví:njənt]
15	이	이러테이트, 안달 나게 하다, 성나게 하다	동	**irritate** [írətèit]
16	되	되갚다, 보답하다, 되돌리다	동	**repay** [ri:péi]
17	라	라이트, 정확한, 틀리지 않은	형	**right** [rait]

21 If you can't stand the heat, get out of the kitchen. 절이 싫으면 중이 떠나야 한다.

1	절	절묘한, 매우 아름다운, 정교한, 공들인, 썩 훌륭한, 섬세한	형	exquisite [ikskwízit]
2	이	이니셔티브, 솔선, 주도권 ; 발의, 창의, 진취적 기상 ; 솔선하는	명	initiative [iníʃətiv]
3	싫	싫어하다, 미워하다	동	dislike [disláik]
4	으	어메이즈, 깜짝 놀라게 하다, 아연케 하다	동	amaze [əméiz]
5	면	면하다, 피하다, 회피하다	동	avoid [əvɔ́id]
6	중	중간, 중위, 매개물, 매체	명	medium [míːdiəm]
7	이	이그자틱, 이국적인, 외래의, 외국산의	형	exotic [igzátik]
8	떠	떠들다, 소란피우다, 소리를 내다		make a noise
9	나	나운, 명사(의)	명	noun [naun]
10	야	야심, 야망, 대망, 큰 뜻	명	ambition [æmbíʃən]
11	한	한낱, 한갓, 단지, 그저, 다만	부	merely [míərli]

12	다	다우트풀, 의심을 품고 있는, 의심스러운	형	doubtful [dáutfəl]

22 Leave well enough alone. 긁어 부스럼.

1	긁	긁다, 할퀴다, 휘갈겨 쓰다	동	scratch [skrætʃ]
2	어	어드마이어, 애드마이어, 찬미하다, 감탄하다, 칭찬하다	동	admire [əd / ædmáiər]
3	부	부끄러운, 창피스러운, 면목 없는	형	shameful [ʃéimfəl]
4	스	스테어, 응시하다, 노려보다, (눈이) 크게 떠지다	동	stare [stɛəːr]
5	럼	엄격한, 엄정한, 엄밀한, 정밀한, 굳은, 단단한	형	rigid [rídʒid]

23 Look before you leap. 돌다리도 두들겨보고 건너야.

1	돌	돌격, 강습, 습격, 맹렬한 비난, 공격, 폭행	명	assault [əsɔ́ːlt]
2	다	다수의, 많은		a large number of ~

3	리	리프, 수확하다, 베어들이다, 거둬들이다	동	reap [riːp]
4	도	도네이트, 기부하다, 기증하다	동	donate [dóuneit]
5	두	두 굿, 좋은 일을 하다, 효과가 있다, 이롭다		do good
6	들	들이붓다, 쏟다, 붓다, 흘리다		pour into
7	겨	겨루다, 다투다, 경쟁하다, 싸우다, 주장하다	동	contend [kənténd]
8	보	보이지, 항해, 여행	명	voyage [vɔ́idʒ]
9	고	고저스, 화려한, 눈부신, 호화로운	형	gorgeous [gɔ́ːrdʒəs]
10	건	건먼, 건맨, 총기 휴대자, 무장 경비원	명	gunman [gʌn-mən]
11	너	너쳐, 양육, 양성, 훈육 ; 양육하다, 교육하다	명	nurture [nə́ːrtʃəːr]
12	야	야기하다, 일으키다		bring about

24 Make hay while the sun shines.
쇠뿔도 단김에 빼라.

1	쇠	쇠터, 쇄터, 산산이 부수다, 박살내다, 파괴하다, (희망 따위를) 꺾다	동	shatter [ʃǽtəːr]
2	뿔	뿔삘, 이행하다, 완수하다, 다하다, 성취하다, 완료하다	동	fulfill [fulfíl]
3	도	도메스틱, 국내의, 가정의	형	domestic [do*u*méstik]
4	단	단점, 결점, 결함, 부족	명	defect [difékt]
5	김	김빠진, 맛이 없는, 활기 없는, 지루한	형	vapid [vǽpid]
6	에	에듀케이트, 교육하다, 훈육하다, 육성하다	동	educate [édʒukèit]
7	빼	빼민, 기근, 흉작, 굶주림, 배고픔, 기아, 결핍	명	famine [fǽmin]
8	라	라트, 썩다, 부패하다	동	rot [rɑt]

25 Strike while the iron is hot.
쇠도 달구어졌을 때 때려야한다.

1	쇠	쇠익 쉐익, 흔들다, 뒤흔들다, 흔들어 움직이다, 휘두르다	동	shake [ʃeik]

2	도	도우스, 한번 복용, 한번복용량	명	dose [dous]
3	달	달다, 재다, 측정하다, 치수를 재다	동	measure [méʒəːr]
4	구	구즈, 물건, 물품, 상품, 물자, 재산	명	goods [gudz]
5	어	어쉐임드, 부끄러이 여겨, 수줍어하여	형	ashamed [əʃéimd]
6	졌	졌스터삐케이션, 정당화, 정당하다고 주장함, 변명	명	justification [dʒʌ̀stəfikéiʃən]
7	을	얼리 투 베드, 얼리 투 라이즈, 일찍 자고 일찍 일어남		early to bed, early to rise
8	때	때, 경우, 기회, 시, 일시	명	occasion [əkéiʒən]
9	때	때, 경우, 기회, 시, 일시	명	occasion [əkéiʒən]
10	려	여기다, 고려하다, 간주하다, 고찰하다	동	consider [kənsídər]
11	야	야비한, 비열한, 기질이 나쁜	형	mean [miːn]
12	한	한결같은, 변치 않는, 일정한	형	constant [kánstənt / kɔ́n-]
13	다	다일레이트, 팽창시키다, 넓히다, 팽창하다, 넓어지다	동	dilate [dailéit]

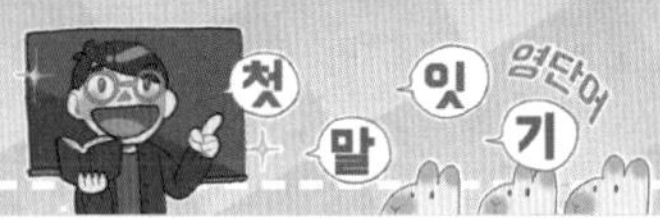

26 When in Rome, do as the Romans do. 로마에 가면 로마법을 따르라.

1	로	로브, 헤매다, 배회하다, 떠돌다	동	rove [rouv]
2	마	마이너, 보다 작은, 중요치 않은, 2류의	형	minor [máinər]
3	에	에주케이티드, 교육받은, 교양 있는, 숙련된, 지식에 기초한	형	educated [édʒukèitid]
4	가	가브, 복장, 옷매무새	명	garb [gɑːrb]
5	면	면도칼, 전기면도기 ; 면도하다	명	razor [réizəːr]
6	로	로브, 훔치다, 빼앗다, 강탈하다	동	rob [rɑb]
7	마	마이너, 광부, 갱부, 광산업자	명	miner [máinər]
8	법	법인, 주식회사, 유한회사, 협회, 사단법인	명	corporation [kɔ̀ːrpəréiʃən]
9	을	얼리 앤 레이트, 아침부터 밤늦게까지		early and late
10	따	따라가다, 뒤쫓다, 추적하다, 추격하다, 추구하다	동	pursue [pərsúː]
11	르	러그, 깔개, 양탄자, 융단	명	rug [rʌg]

12	라	라이선스, 면허, 인가, 허가증	명	**license** [láis-əns]

27 Charity begins at home. 자선은 가정에서 시작된다.

1	자	자이언트, 거인, 거한	명	**giant** [dʒáiənt]
2	선	선고, 판결, 판정	명	**sentence** [séntəns]
3	은	언바운디드, 속박에서 풀린, 해방된	형	**unbound** [ʌnbáund]
4	가	가이든스, 안내, 지도, 인도, 본, 시심	명	**guidance** [gáidns]
5	정	정기적인, 규칙적인, 정례의	형	**regular** [régjələ:*r*]
6	에	에듀케이션, 교육, 훈육, 훈도	명	**education** [èdʒukéiʃən]
7	서	서버브, 교외, 근교, 도시 주변지역, 주변, 부근	명	**suburb** [sʌ́bə:*r*b]
8	시	시즈, 붙잡다, 붙들다, 꽉 움켜쥐다	동	**seize** [si:z]
9	작	작가, 저자, 저술가, 창조자	명	**author** [ɔ́:θə*r*]

10	된	되찾다, 반환하다, 복구하다, 복원하다	동	**restore** [ristɔ́:r]
11	다	다운스테어즈, 아래층 ; 아래층에	부	**downstairs** [dauństέərz]

28 Don't bite off more than you can chew. 분수에 맞는 일을 해라.

1	분	분류하다, 구분하다, 등급으로 나누다	동	**classify** [klǽsəfài]
2	수	수드, 달래다, 어르다, 위로하다, 진정시키다	동	**soothe** [su:ð]
3	에	에피소드, 삽화, 사건	명	**episode** [épəsòud]
4	맞	맞추다, 조립하다, 짜 맞추다, 모으다, 집합시키다	동	**assemble** [əsémbəl]
5	는	언셀피시, 이기적이 아닌, 욕심 없는	형	**unselfish** [ʌnsélfiʃ]
6	일	일레스틱, 탄성의, 탄력 있는, 유연한	형	**elastic** [ilǽstik]
7	을	얼굴빛, 안색, 외관, 모양	명	**complexion** [kəmplékʃən]
8	해	해저드, 위험, 모험, 우연, 운	명	**hazard** [hǽzərd]

9	라	라튼, 썩은, 부패한, 타락한	형	rotten [rάtn / rɔ́tn]

29 Don't bite the hand that feeds you. 은혜 베푼 사람 배반하지마라.

1	은	언리스티드, (전화번호부 따위에) 실려 있지 않은,	형	unlisted [ʌnlístid]
2	혜	혜성, 살별	명	comet [kάmit]
3	베	베큰, (손짓 · 몸짓 · 고갯짓으로) 부르다, 신호하다, 유인하다	동	beckon [békən]
4	푼	푼수의, 무분별한, 지각없는, 겸손한, 생각 없는	형	indiscreet [ìndiskríːt]
5	사	사학자, 역사가, 사학 전공자	명	historian [histɔ́ːriən]
6	람	남아도는, 풍부한, 많은, 윤택한	형	plentiful [pléntifəl]
7	배	배기지, 수화물, 가방, 군용행낭	명	baggage [bǽgidʒ]
8	반	반디지, 속박, 노예의 신분, 굴종	명	bondage [bάndidʒ/ bɔ́nd-]
9	하	하운드, 사냥개 ; 사냥개로 사냥하다	명	hound [haund]

10	지	지알러지, 지질학, 지질	명	geology [dʒiːálədʒi]
11	마	마이너리티, 소수파, 소수자의 무리, 소수	명	minority [minɔ́ːrəti]
12	라	라이어트, 폭동, 소동, 소요죄, 혼란	명	riot [ráiət]

30 Don't cry over spilt milk. 엎질러진 물은 다시 담을 수 없다.

1	엎	엎플라이언스, 기구, 장치, 설비	명	appliance [əpláiəns]
2	질	질투, 투기, 시샘	명	jealousy [dʒéləsi]
3	러	러니드, 학식 있는, 박식한, 학문이 있는	형	learned [lə́ːrnid]
4	진	진보적, 전진하는, 진보주의의	형	progressive [prəgrésiv]
5	물	물건, 재료, 원료, 물자, 물품	명	stuff [stʌf]
6	은	언루스, 언루슨, 풀다, 끄르다, 떼어놓다	동	unloose, unloosen [ʌnlúːs], [-ən]
7	다	다이제스티브, 소화를 돕는, 소화력이 있는	형	digestive [didʒéstiv]

8	시	시밀러, 유사한, 비슷한, 닮은, 같은	형	similar [símələ:r]
9	담	담그다, 적시다, 잠기다,	동	soak [souk]
10	을	얼마이티, 전능한, 굉장한, 대단한	형	almighty [ɔ:lmáiti]
11	수	수퍼삐셜, 표면상의, 외면의, 피상적인	형	superficial [sù:pərfíʃəl]
12	없	업셋, 뒤집어엎다, 전복시키다, 당황하게하다	동	upset [ʌpsét]
13	다	다이애그널, 대각선의, 비스듬한	형	diagonal [daiǽgənəl]

31 Don't judge a book by its cover. 뚝배기보다 장맛

1	뚝	뚜렷한, 명백한, 명확한, 별개의	형	distinct [distíŋkt]
2	배	배틀, 전투, 싸움, 전쟁, 투쟁	명	battle [bǽtl]
3	기	기획하다, 계획하다, 입안하다, 투영하다	동	project [prədʒékt]
4	보	보우, 활, 활모양	명	bow [bou]

5	다	다이어비티즈, 당뇨병	명	**diabetes** [dàiəbí:tis, -ti:z]
6	장	장님의, 눈 먼, 맹목적인	형	**blind** [blaind]
7	맛	맛, 풍미, 향미, 정취, 운치	명	**flavor** [fléivər]

32 Don't judge a man until you've walked in his boots. 역지사지

1	역	역전시키다, 거꾸로 하다, 반대로 하다, 뒤집다	동	**reverse** [rivə́:rs]
2	지	지체하다, 연기하다 미루다	동	**delay** [diléi]
3	사	사적인, 개인의, 인격적인	형	**personal** [pə́:rsənəl]
4	지	지오머트리, 기하학	명	**geometry** [dʒi:ámətri]

33 Don't look gift horse in the mouth.
선물로 받은 말의 입속을 들여다보지 마라.

1	선	선물하다, 증정하다 ; 선물	동	present [prézənt]
2	물	물다, 물어뜯다, 물어 끊다	동	bite [bait]
3	로	로우쁘, 덩어리, 빵 한 덩어리 ; a loaf of bread 빵 한 덩어리	명	loaf [louf]
4	받	받아들이다, 동의하다, 좇다, 승낙하다, 따르다	동	comply [kəmplái]
5	은	언릴라이어블, 신뢰할 수 없는, 의지할 수 없는, 믿어지지 않는	형	unreliable [ʌnriláiəbəl]
6	말	말다, 감다, 꼬불꼬불 구부러지다	동	wind [waind]
7	의	의식하고 있는, 알고 있는	형	conscious [kánʃəs]
8	입	입다, 착용하다, (신을) 신다. (안경을) 쓰다.		put on
9	속	속삭이다, 작은 소리로 이야기하다, 밀담을 하다	동	whisper [hwíspəːr]
10	을	얼, 백작	명	earl [əːrl]

11	들	들이쉬다, 호흡하다, 숨을 쉬다, 휴식하다	동	breathe [bri:ð]
12	여	여백의, 공백의, 백지의, 텅 빈	형	blank [blæŋk]
13	다	다트, 던지는 창, 창던지기 놀이	명	dart [dɑ:*r*t]
14	보	보캐벌러리, 어휘, 단어집, 단어표	명	vocabulary [vo*u*kǽbjəlèri / -ləri]
15	지	지쳐 있는, 피로한, 싫증나는	형	weary [wí-əri]
16	마	마인, 채광하다, 채굴하다 ; 광산	동	mine [main]
17	라	라임, 운율, 운, 각운	명	rhyme [raim]

34 Don't count your chickens before they're hatched. 김칫국부터 마시지마라.

1	김	김빠지게 하는, 실망 시키는, 낙담하게 하는	형	disappointing [dìsəpɔ́intiŋ]
2	칫	칫팅, 속임, 속임수, 부정행위	명	cheating [tʃíːtiŋ]
3	국	국왕, 군주, 주권자	명	monarch [mánərk]
4	부	부스트, 밀어 올리다, 격려하다, 후원하다	동	boost [buːst]
5	터	터미네, 끝내다, 종결시키다, ~의 최후를 마무리하다	동	terminate [tə́ːrmənèit]
6	마	마이그레, 이주, 이동, 이전	명	migration [maigréiʃən]
7	시	시리어스, 진지한, 진정한, 중대한, 위독한	형	serious [sí-əriəs]
8	지	지평선, 수평선, 범위, 영역	명	horizon [həráizən]
9	마	마일스톤, 이정표, 중대 시점	명	milestone [máilstòun]
10	라	라이블리, 생생한, 생기 넘치는, 기운찬	형	lively [láivli]

35 Don't put all your eggs in one basket. 계란을 한 바구니에 담지마라.

1	계	계산하다, 산정하다, 추계하다	동	calculate [kǽlkjəlèit]
2	란	난처하게 하다, 당혹하게하다, 쩔쩔매게 하다	동	embarrass [imbǽrəs]
3	을	얼라우언스, 수당, 급여, 용돈	명	allowance [əláuəns]
4	한	한 움큼, 손에 그득, 한 줌	명	handful [hǽn*d*fùl]
5	바	바인, 덩굴, 포도나무, 덩굴풀	명	vine [vain]
6	구	구경꾼, 여행자, 관광객	명	tourist [tú-ərist]
7	니	니얼리, 대체로, 거의	부	nearly [níərli]
8	에	에비던틀리, 분명하게, 의심 없이, 보기에는	부	evidently [évidəntli]
9	담	담그다, 적시다, ~에게 침례를 베풀다	동	dip [dip]
10	지	지녀스, 천재, 비상한 재주	명	genius [dʒíːnjəs]
11	마	마인드, 걱정하다, 신경 쓰다, 배려하다	동	mind [maind]
12	라	라즐리, 주로, 크게, 대부분	부	largely [lάː*r*dʒli]

36 Don't put off till tomorrow what you can do today. 오늘 할 일을 내일로 미루지 마라.

1	오	오버컴, 이겨내다, 극복하다, 압도하다	동	**overcome** [òuvərkʌ́m]
2	늘	늘어서다, 일렬로 정렬하다		**line up**
3	할	할로우, 속이 빈, 우묵한	형	**hollow** [hάlou / hɔ́l-]
4	일	일리미네이트, 제거하다, 배제하다, 몰아내다	동	**eliminate** [ilímənèit]
5	을	얼도우, 비록 ~일지라도, ~이긴 하지만	접	**although** [ɔːlðóu]
6	내	내로울리, 좁게, 편협하게, 가까스로, 겨우	부	**narrowly** [nærouli]
7	일	일러스트레이티브, 실례가 되는, 예증이 되는	형	**illustrative** [íləstrèitiv, ilʌ́strə]
8	로	로이얼, 충성스러운, 성실한, 충실한, 정직한, 고결한	형	**loyal** [lɔ́iəl]
9	미	미너럴, 광물, 무기물 ; 광물의, 광물을 함유한	명	**mineral** [mínərəl]
10	루	루인, 파멸, 파산, 몰락, 황폐	명	**ruin** [rúːin]

11	지	지적하다, 가리키다, 지시하다	동	indicate [índikèit]
12	마	마진, 가장자리, 가, 판매수익, 이문, 여유	명	margin [má:rdʒin]
13	라	라이트, 정의, 정도, 공정	명	right [rait]

37 Don't put the cart before the horse. 마차를 말 앞에 대지마라.

1	마	마이티, 강력한, 위대한, 거대한, 대단한	형	mighty [máiti]
2	차	차트, 그림, 도표	명	chart [tʃɑ:rt]
3	를	얼터게더, 아주, 전부, 합계하여	부	altogether [ɔ̀:ltəgéðər]
4	말	말하자면, 다시 말하면		in other words
5	앞	앞(아)퍼짓, 정반대의, 마주보고 있는, 적대하는	형	opposite [ápəzit]
6	에	에이지드, 늙은, 나이든, 오래된, 노화된	형	aged [éidʒid]
7	대	대개는, 대부분은, 주로	부	mostly [móustli]

8	지	지옥, 저승, 고통, 곤경, 질책	명	hell [hel]
9	마	마이닝, 광업, 채광, 채탄, 탐광	명	mining [máiniŋ]
10	라	라우즈, 깨우다, 일으키다, 회복시키다	동	rouse [rauz]

38 A miss is as good as a mile.
오십 보 백 보.

1	오	오우, 빚지고 있다, 갚을 의무가 있다	동	owe [ou]
2	십	십, 한 모금, 홀짝홀짝 마시다, 조금씩 마시다	동	sip [sip]
3	보	보케이션, 적성, 재능, 직업, 일	명	vocation [voukéiʃən]
4	백	백 앤 포스, 왔다 갔다, 앞뒤로		back and forth
5	보	보우그, 유행, 성행, 인기, 호평	명	vogue [voug]

39 Where there's smoke, there's fire.
아니 땐 굴뚝에 연기나랴.

1	아	아웃컴, 결과, 성과	명	outcome [áutkʌ̀m]
2	니	니디, 몹시 가난한, 생활이 딱한	형	needy [níːdi]
3	땐	(~없이) 때우다 ; We cannot do without him. 그가 없이는 해나갈 수 없다.		do without ~
4	굴	굴욕, 치욕, 불명예, 모욕	명	dishonor [disɑ́nər]
5	뚝	뚝뚝한, 무뚝뚝한, 퉁명스러운, 무딘, 날 없는	형	blunt [blʌnt]
6	에	에지, 끝머리, 태두리, 가장자리, 변두리	명	edge [edʒ]
7	연	연결하다, 접속하다, 잇다, 관계시키다, 결부시키 연상하다	동	connect [kənékt]
8	기	기브 어웨이, 양보하다		give away
9	나	나다, 일어나다, 발생하다		take place
10	랴	야금야금, 조금씩		bit by bit

40 The first step is always the hardest.
시작이 반이다.

1	시	시추에이션, 위치, 장소, 입장, 정세, 지위	명	**situation** [sìtʃuéiʃ-ən]
2	작	작곡하다, 작문하다, 조립하다, 만들다	동	**compose** [kəmpóuz]
3	이	이칼러지, 생태학, 생태환경	명	**ecology** [iːkálədʒi]
4	반	반드시, 틀림없이, 꼭, 의심 없이	부	**certainly** [sə́ːrtənli]
5	이	이카나미컬, 경제적인, 실속 있는, 절약하는	형	**economical** [ìːkənámikəl]
6	다	다이, 주사위 ; The die is cast. 사위는 던져졌다.	명	**die** [dai]

41 Forewarned is forearmed.
유비무환

1	유	유뜨, 젊음, 원기, 청년시절, 청년	명	**youth** [juːθ]
2	비	비클, 수송수단, 차량, 탈것, 전달수단, 매개체	명	**vehicle** [víːikəl]
3	무	무기, 병기, 흉기	명	**weapon** [wépən]
4	환	환경, 자연환경, 주위를 에워싸는 것	명	**environment** [inváiərənmənt]

42 He who hesitates is lost.
망설이는 자는 기회를 잃는다.

1	망	44.망크, 수사	명	**monk** [mʌŋk]
2	설	설루션, 솔루션, 용해, 해결, 해명, 해답, 풀이	명	**solution** [səlúːʃ-ən]
3	이	이디션, 판, 간행, 발행부수	명	**edition** [idíʃən]
4	는	언토울드, 언급되지 않은, 밝혀지지 않은, 비밀로 되어 있는	형	**untold** [ʌntóuld]
5	자	자극하다, 격려하다, 북돋우다, 고무하다	동	**stimulate** [stímjəlèit]
6	는	언파퓰러, 인기 없는, 평판이 나쁜	형	**unpopular** [ʌnpápjələr]
7	기	기회, 호기, 행운, 가망	명	**opportunity** [àpərtjúːnəti]
8	회	회담, 회의, 협의, 논의, 의논	명	**conference** [kánfərəns]
9	를	얼라이언스, 동맹, 맹약, 협력, 제휴	명	**alliance** [əláiəns]
10	잃	일러스트레이션, 삽화, 실례, 예증	명	**illustration** [ìləstréiʃən]
11	는	언서튼, 불명확한, 분명치 않은	형	**uncertain** [ʌnsə́ːrtn]

12	 다	다일렉트, 방언, 지방사투리	명	dialect [dáiəlèkt]

43 Beauty is in the eye of the beholder.
제 눈에 안경

1	제	제너러스, 관대한, 아량 있는, 인심 좋은	형	generous [ʤénərəs]
2	눈	눈금, 저울눈, 척도, 자, 규모	명	scale [skeil]
3	에	에니띵 벗, ~외에는, ~외에는 무엇이든, 결코 ~은 아닌(=never) I will give you anything but this. 이것만은 너에게 줄 수 없다.		anything but
4	안	안정된, 견고한, 영속적인	형	stable [stéibl]
5	경	경쟁하다, 겨루다, 서로 맞서다	동	compete [kəmpí:t]

44 No pain, no gain.
고통 없이는 아무 것도 얻을 수 없다.

1	고	고귀한, 드문, 진기한, 유례없는	형	rare [rɛəːr]
2	통	통지하다, 통고하다, 신고하다, 공고하다	동	notify [nóutəfài]
3	없	업퍼, 어퍼, 위쪽의, 위편의, 상부의, 높은	형	upper [ʌ́pər]
4	이	이카너미, 절약, 경제, 경제제도	명	economy [ikánəmi]
5	는	언, 어언, 벌다, 획득하다, 얻다	동	earn [əːrn]
6	아	아더, 열정, 열의, 열성, 충성	명	ardor [áːrdər]
7	무	무너뜨리다, 파괴하다, 부수다, 분쇄하다	동	destroy [distrɔ́i]
8	것	거대한, 막대한, 대단한	형	huge [hjuːdʒ]
9	도	도움, 돔, 둥근 천장, 둥근 지붕	명	dome [doum]
10	얻	얻터, 어터, (소리를) 내다, 발하다, 발음하다 ; 전적인, 완전한	동	utter [ʌ́tər]
11	을	얼라이트, 내리다, 하차하다, 착륙하다	동	alight [əláit]

12	수	수우트, 소송, 청원, 탄원, (옷의) 한 벌	명	suit [su:t]
13	업	업터데이트, 최근의, 최신의	형	up-to-date [ʌ́ptədéit]
14	다	다급한, 급박한, 긴급한, 위급한	형	urgent [ə́:rdʒənt]

45 Nothing ventured, nothing gained. 호랑이굴에 가야 호랑이를 잡지.

1	호	호스, 목 쉰, 쉰 목소리의,	형	hoarse [hɔ:rs]
2	랑	앙심, 악의, 심술	명	spite [spait]
3	이	이미테이션, 모방, 모조, 모조품	명	imitation [ìmətéiʃən]
4	굴	굴러 떨어지다, 굴러 넘어지다		fall down
5	에	에리얼, 공기의, 대기의, 공기와 같은, 덧없는	형	aerial [ɛ́əriəl]
6	가	가일, 교활, 간계, 기만, 간지(奸智)	명	guile [gail]
7	야	야채, 푸성귀, 식물	명	vegetable [védʒətəbəl]

8	호	호스티스, 여주인, 안주인	명	hostess [hóustis]
9	랑	앙상한, 여윈, 마른, 훌쭉한	형	spare [spɛəːr]
10	이	이머지, 나오다, 나타나다, 출현하다	동	emerge [iməːrdʒ]
11	를	얼루시브, 넌지시 비추는, 암시적인	형	allusive [əlúːsiv]
12	잡	잡초, 해초 ; 잡초를 뽑다	명	weed [wiːd]
13	지	지혜, 현명함, 지식	명	wisdom [wízdəm]

46 The pen is mightier than the sword. 펜은 칼보다 강하다.

1	펜	펜션, 연금, 장려금	명	pension [pénʃən]
2	은	언미스테이크블, 명백한, 틀림없는, 의심의 여지가 없는	형	unmistakable [ʌnmistéikəbəl]
3	칼	칼리지, 학부, 단과대학	명	college [kálidʒ]
4	보	보더, 괴롭히다, 귀찮게 하다	동	bother [báðəːr]

5	다	다이렉션, 디렉션, 쪽, 방향, 지도, 지휘	명	**direction** [dairékʃən]
6	강	강렬한, 격렬한, 맹렬한, 과감한, 철저한	형	**drastic** [drǽstik]
7	하	하디, 내구력이 있는, 튼튼한	형	**hardy** [há:rdi]
8	다	다량의, 많은		**a great deal of ~**

47 Practice makes perfect.
연습하면 완벽해진다.

1	연	연료, 신탄(薪炭), 장작 ; 연료를 공급하다	명	**fuel** [fjú:əl]
2	습	습관적인, 재래의, 전통적인	형	**customary** [kʌ́stəmèri]
3	하	하이브리드, 잡종, 튀기, 혼혈아, 혼성물	명	**hybrid** [háibrid]
4	면	면밀한, 상세한, 정밀한, 세세한	형	**detailed** [dí:teild, ditéild]
5	완	완더, 헤매다, 돌아다니다	동	**wander** [wándə:r]
6	벽	벽, 울타리, 장벽, 방벽, 요새, 방해	명	**barrier** [bǽriər]

7	해	해브 언 인쁠루언스 온, ~에 영향을 미치다		have an influ-ence on ~
8	진	진보, 진행, 진전, 발달, 경과, 추이	명	progress [prágrəs]
9	다	다이버스, 디버스, 다양한, 가지각색의, 여러 가지의	형	diverse [daivə́ːrs]

48 Rome wasn't built in a day. 로마는 하루아침에 이루어진 게 아니다.

1	로	로키, 바위 같은, 튼튼한, 암석이 많은	형	rocky [rɔ́ki / ráki]
2	마	마쉬, 늪지, 소택지, 늪	명	marsh [mɑːrʃ]
3	는	언어트랙티브, 아름답지 못한, 매력 없는	형	unattractive [ʌ̀nətrǽktiv]
4	하	하스틀, 적의, 적국의, 적의가 있는	형	hostile [hástil]
5	루	루이너스, 파괴적인, 파멸을 초래하는, 파산한, 황폐한	형	ruinous [rúːinəs]
6	아	아더와이즈, 그렇지 않으면, 딴 방법으로	부	otherwise [ʌ́ðərwàiz]
7	침	침을 흘리다, 침이 흘러나오다, 침을 분비하다	동	salivate [sǽləvèit]

8	에	에일리언, 외국의, 이국의, 성질이 다른, 지구 밖의 ; 외계인	형	**alien** [éiljən, -liən]
9	이	이걸리, 간절히, 열심히, 열정적으로	부	**eagerly** [í:gərli]
10	루	루틴, 판에 박힌 일, 일상의 과정	명	**routine** [ru:tí:n]
11	어	어드바이즈, 애드바이즈, 조언하다, 충고하다	동	**advise** [ə/ædváiz]
12	진	진료하다, 치료하다, (약을) 바르다, 다루다, 대우하다	동	**treat** [tri:t]
13	게	게이즈, 응시하다, 뚫어지게 보다	동	**gaze** [geiz]
14	이	아블리거토리, 의무의, 의무적인, 필수의	형	**obligatory** [əblígətɔ̀:ri]
15	니	니글렉트, 게을리 하다, 소홀히 하다	동	**neglect** [niglékt]
16	다	다이애벌리즘, 마법, 요술, 악마 같은 행위	명	**diabolism** [daiǽbəlizəm]

49 The squeaking wheel gets the oil. 우는 아이 젖 준다.

1	우	우기다, 주장하다, 고집하다	동	**insist** [insíst]

2	는	언더고우, 경험하다, 받다, 견디다	동	undergo [ʌndərgóu]
3	아	아울렛, 출구, 배출구, 판로, 대리점	명	outlet [áutlet]
4	이	이모션, 감동, 감격, 흥분, 감정	명	emotion [imóuʃən]
5	젖	젖은, 축축한, 습성의, 비 내리는	형	wet [wet]
6	준	준수하다, 따르다, 순응하다, 적합하다, 따르게 하다	동	conform [kənfɔ́ːrm]
7	다	다이어그램, 그림, 도형, 일람표	명	diagram [dáiəgræm]

50 You're never too old to learn. 배움에는 나이가 없다.

1	배	배큠, 진공, 빈 곳, 공허, 공백	명	vacuum [vækjuəm]
2	움	움, 자궁, 태내, 내부	명	womb [wuːm]
3	에	에머넌트, 저명한, 유명한, 뛰어난, 탁월한	형	eminent [émənənt]
4	는	언라이크, 닮지 않은, 다른, 있음직하지 않은	형	unlike [ʌnláik]

5	나	나레이션, 내레이션, 서술, 이야기, 이야기하기, 화법	명	**narration** [næréiʃən]
6	이	이스페셜리, 특히, 각별히, 특별히	부	**especially** [ispéʃəli]
7	가	가능한, 실행할 수 있는, 적당한, 편리한, 그럴듯한	형	**feasible** [fí:zəbəl]
8	업	업스테어즈, 2층에, 위층에, 공중에	부	**upstairs** [ʌ́pstέərz]
9	다	다루다, 조종하다, 조작하다, 능숙하게 다루다, 처리하다	동	**manipulate** [mənípjəlèit]

51 Beggars can't be choosers. 배고픈 사람이 찬밥 더운밥 가리랴.

1	배	배스트, 광대한, 거대한, 막대한	형	**vast** [væst]
2	고	고블린, 악귀, 도깨비	명	**goblin** [gɔ́blin / gɑ́b-]
3	픈	펀이시먼트, 퍼니시먼트, 벌, 형벌, 처벌, 응징, 징계, 학대	명	**punishment** [pʌ́niʃmənt]
4	사	사정, 사례, 경우, 입장, 상황	명	**case** [keis]
5	람	남루한, 누덕누덕한, 누더기 옷을 입은	형	**ragged** [rǽgid]

6	이	이멘스, 광대한, 막대한,	형	immense [iméns]
7	찬	찬성, 승인, 인정, 시인, 인가, 허가, 재가	명	approval [əprúːvəl]
8	밥	밥, (상하좌우로) 핵핵 움직이다, 갑작스럽게 움직이다	동	bob [bɑb / bɔb]
9	더	드와쁘, 난쟁이, 꼬마둥이	명	dwarf [dwɔːrf]
10	운	운임, 찻삯, 통행료	명	fare [fɛər]
11	밥	바꾸다, 변경하다, 이동시키다, 옮기다	동	shift [ʃift]
12	가	가스프, 개스프, 헐떡거리다, 숨이 차다	동	gasp [gɑːsp, gæsp]
13	리	리콜렉트, 생각해 내다, 회상하다, 상기하다	동	recollect [rèkəlékt]
14	랴	야만의, 미개한, 미개인의 ; 야만인, 미개인	형	savage [sævidʒ]

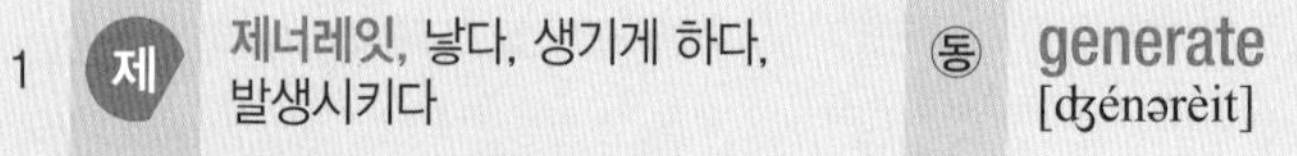

52 A leopard cannot change his spots. 제 버릇 개 못 준다.

1	제	제너레잇, 낳다, 생기게 하다, 발생시키다	동	generate [dʒénərèit]

2	버	버스트, 터지다, 폭발하다, 파열하다	동	**burst** [bə:rst]
3	룻	러버, 고무, 고무제품, 지우개	명	**rubber** [rʌ́bə:r]
4	개	개더링, 모임, 회합, 집회	명	**gathering** [gǽðəriŋ]
5	못	못뜨, 모뜨, 나방, 옷좀나방	명	**moth** [mɔ(:)θ, mɑθ]
6	준	(법률 · 규칙 · 관습 따위의) 준수, 지킴, 따름	명	**observance** [əbzə́:rvəns]
7	다	다루다, 사용하다, 조종하다, 손을 대다	동	**handle** [hǽndl]

53 Man does not live by bread alone. 사람은 빵으로만 살 수 없다.

1	사	사나운, 흉포한, 맹렬한, 격심한	형	**fierce** [fiərs]
2	람	암시적인, 암묵적인, 은연중의, 함축적인	형	**implicit** [implísit]
3	은	언무브드, 확고한, 마음이 흔들리지 않는, 냉정한	형	**unmoved** [ʌnmú:vd]
4	빵	빵, 롤빵, 둥그런 빵	명	**bun** [bʌn]

5	으	어벤든, 버리다, 단념하다, 그만두다	동	**abandon** [əbǽndən]
6	로	로우스트, 굽다, 불에 쬐다, 익히다	동	**roast** [roust]
7	만	만어크, 모나크, 군주, 주권자, 제왕	명	**monarch** [mánərk / mɔ́n-]
8	살	살리테리, 고독한, 외톨이의, 외로운, 혼자의, 쓸쓸한, 적막한	형	**solitary** [sálitèri]
9	수	수퍼스티션, 미신, 미신적 관습	명	**superstition** [sù:pərstíʃən]
10	없	업라이트, 직립한, 똑바로 선, 수직의, 곧은	형	**upright** [ʌ́pràit]
11	다	다수의, 많은,		**a great number of ~**

54 You can lead a horse to water, but you can't make him drink. 말을 물로 끌고 갈 수는 있어도 물을 강제로 먹일 수는 없다.

1	말	말다툼하다, 논쟁하다, 논하다	동	**dispute** [dispjú:t]
2	을	얼라이, 동맹하다, 연합하다, 제휴하다	동	**ally** [əlái, ǽlai]
3	물	물러나게 하다, 철수하다, 움츠리다	동	**withdraw** [wiðdrɔ́:, wiθ-]

4	로	로드, 지배자, 군주, 영주, 주인, 하나님	명	**lord** [lɔ:rd]
5	끌	끌다, 끌어당기다, 매혹하다	동	**attract** [ətrǽkt]
6	고	고갈시키다, 다 써버리다, 소모하다, 피로하게 하다	동	**exhaust** [igzɔ́:st]
7	갈	갈런더, 화환, 꽃줄	명	**garland** [gɑ́:rlənd]
8	수	수퍼바이즈, 관리[감독]하다, 지도하다	동	**supervise** [sú:pərvàiz]
9	는	언커버, 폭로하다, 적발하다, 밝히다	동	**uncover** [ʌnkʌ́vər]
10	있	이(이)펙츄얼, 효과적인, 효험 있는, 유효한, 실제의	형	**effectual** [iféktʃuəl]
11	어	어플라이, 적용하다, 응용하다, 이용하다, 붙이다	동	**apply** [əplái]
12	도	도래, 출현, 예수의 강림	명	**advent** [ǽdvent]
13	물	물려주다, 건네주다, 양도하다		**hand over**
14	을	얼루프, 멀리 떨어진, 무관심한, 초연한	형	**aloof** [əlu:f]
15	강	강조하다, 역설하다, 힘주어 말하다	동	**emphasize** [émfəsàiz]

16	제	제너럴, 일반의, 대체적인	동	general [ʤénərəl]
17	로	로테이션, 회전, 자전, 규칙적인 교대, 순번	명	rotation [routéiʃ-ən]
18	먹	먹큐리, 수성, 수은, 수은주, 온도계	명	mercury [mə́:rkjəri]
19	일	일러스트레이트, 설명하다, 예증하다, 삽화를 넣다	동	illustrate [íləstrèit]
20	수	수우트블, 적당한, 상당한, 어울리는	형	suitable [sú:təbəl]
21	는	언더라인, 강조하다 ; 밑줄, 하선	동	underline [ʌ̀ndərláin]
22	업	업리프트, 앙양하다, 향상시키다, 올리다	동	uplift [ʌplíft]
23	다	다루다(=handle), 조종하다, 처리하다 관리하다, 경영하다	형	manage [mǽniʤ]

55 One swallow does not make summer. 제비 한 마리 왔다고 여름이 온 것은 아니다.

1	제	제뉴인, 순종의 순수한, 진짜의	형	genuine [ʤénjuin]
2	비	비스트, 짐승, 동물, 짐승 같은 사람	명	beast [bi:st]

3	한	한탄할만한, 슬퍼할, 통탄할만한, 가엾은, 비참한	형	lamentable [lǽməntəb-əl]
4	마	마린, 머리인, 마리인, 바다의, 해양의, 선박의	형	marine [məríːn]
5	리	리슨틀리, 최근에, 바로 얼마 전에	부	recently [ríːs-əntli]
6	왔	왔 이쁘 ~? ~라면[하면] 어쩌나 [어찌될 것인가]! ~한들 상관없지 않은가! What if you should die!		what if ~?
7	다	다운라이트, 명백한, 솔직한, 노골적인 ; a downright lie 새빨간 거짓말	형	downright [dáun-ràit]
8	고	고무하다, 격려하다, 분발시키다, 고취하다	동	inspire [inspáiər]
9	여	여배우, 여우	명	actress [ǽktris]
10	름	엄격하게, 호되게, 격심하게	부	severely [sivíəːrli]
11	이	이매지너리, 상상의, 가상의, 가상적	형	imaginary [imǽdʒənèri]
12	온	온 더 스팟, 당장, 즉석에서		on the spot
13	것	거닐다, 산책하다, 천천히 걷다	동	stroll [stroul]
14	은	언라이클리, 있음직하지 않은, 가망 없는	형	unlikely [ʌnláikli]

15	아	아웃스뽀큰, 솔직한, 숨김없이 말하는, 거리낌 없는	형	**outspoken** [áutspóukkən]
16	니	니들, 바늘, 바느질 바늘	명	**needle** [ní:dl]
17	다	다이에미터, 직경, 지름, 배율	명	**diameter** [daiǽmitər]

56 He who laughs last, laughs best. 최후의 승자가 진정한 승자다.

1	최	최대, 최대한, 최대의, 최고의	형	**maximum** [mǽksəməm]
2	후	후프, 굴렁쇠, 테	명	**hoop** [hu:p]
3	의	의장, 사회자, 회장, 위원장	명	**chairman** [tʃɛər-mən]
4	승	승무원, 수행원, 시중드는 사람, 참석자	명	**attendant** [əténdənt]
5	자	자갈, 조약돌	명	**pebble** [pébəl]
6	가	가이드라인, 지침, 유도지표	명	**guideline** [gáidlàin]
7	진	진술하다, 주장하다, 말하다	동	**state** [steit]

8	정	정쳐, 접합, 접속, 연결, 이음매, 관절, 접합점	명	juncture [dʒʌ́ŋktʃər]
9	한	한결같이, 변함없이		as ever
10	승	승인하다, 동의하다, 찬성하다	동	consent [kənsént]
11	자	자극하다, 흥분시키다, 격려하다, 고무하다	동	excite [iksáit]
12	다	다이나믹, 동력의, 동적인, 역동적인	형	dynamic [dainǽmik]

57 Old habits die hard.
세 살 버릇 여든 간다.

1	세	세크러테리, 비서, 서기, 사무관	명	secretary [sékrətèri]
2	살	살려내다, 구조하다, 구하다	동	rescue [réskjuː]
3	버	버든, 짐, 무거운 짐, 부담, 의무	명	burden [bə́ːrdn]
4	릇	럿스티, 러스티, 녹슨, 녹이 난, 색이 바랜, 구식의	형	rusty [rʌ́sti]
5	여	여닝, 그리워함, 사모, 열망	명	yearning [jə́ːrniŋ]

6	든	든든한, 견고한, 튼튼한, 단단한	형	solid [sálid]
7	간	간결한, 간단한, 짧은, 단순한, 말수가 적은	형	brief [bri:f]
8	다	다잉, 염색, 염색법, 염색업, 염색소	명	dyeing [dáiiŋ]

58 When the cat's away the mice will play. 호랑이 없는 굴에 토끼가 왕.

1	호	호기심 있는, 사물을 알고 싶어하는, 진기한, 기묘한, 별난	형	curious [kjúəriəs]
2	랑	낭비, 사치, 무절제, 방종, 방종한 언행	형	extravagance [ikstrǽvəgəns]
3	이	이삐션트, 능률적인, 효과적인, 유능한	형	efficient [ifíʃənt]
4	없	업라이징, 기립, 일어남, 반란, 폭동	명	uprising [ʌ́pràiziŋ]
5	는	언에이블, ~할 수 없는, 자격이 없는, 연약한, 불가능한	형	unable [ʌnéibəl]
6	굴	굴욕, 치욕, 부끄러움. 치욕, 창피	명	shame [ʃeim]
7	에	에벌류션, 전개, 발전, 진화	명	evolution [èvəlú:ʃən]

8	토	토우큰, 표, 징후, 나타남, 상징, 징조, 표징	명	token [tóuk-ən]
9	끼	끼워 넣다, 끼우다, 삽입하다, 적어 넣다	동	insert [insə́:rt]
10	가	가들리스, 무신론의, 신을 믿지 않는,	형	godless [gάdlis / gɔ́d-]
11	왕	왕복, 한 바퀴 도는 여행		round trip

59 One man's gravy is another man's problem.
한 사람에게 약이 되는 일이 다른 사람에게 독이 되기도 한다.

1	한	한들거리다, 흔들리다, 흔들다	동	sway [swei]
2	사	사로잡다, 매혹시키다, 홀리다	동	fascinate [fǽsənèit]
3	람	암풀, 한 아름	명	armful [άːrmfùl]
4	에	에비던트, 분명한, 명백한, 뚜렷한	형	evident [évidənt]
5	게	게스워크, 억측	명	guesswork [geśwə̀ːrk]
6	약	약은, 약삭빠른, 빈틈없는, 재빠른, 기민한	형	shrewd [ʃruːd]

7	이	이퀴프, 장비를 갖추다, 갖추다, 설비하다	동	equip [ikwíp]
8	되	되돌아가다, 거슬러 올라가다		date back to ~
9	는	언어웨어, 알지 못하는, 모르는	형	unaware [ʌnəwɛ́ər]
10	일	일렉트릭, 전기의, 전기를 띤, 자극적인	형	electric [iléktrik]
11	이	이얼리, 매년의, 연 1회의	형	yearly [jíəːrli]
12	다	다르다, 다양하다, 가지각색이다, 변하다	동	vary [vɛ́əri]
13	른	언어프리시에이티드, 감상되지 않는, 진가를 인정받지 못하는	형	unappreciated [ʌnəpríːʃièitid]
14	사	사라지다, 자취를 감추다	동	vanish [vǽniʃ]
15	람	남부끄러운, 수치스러운, 면목 없는, 불명예스러운	형	disgraceful [disgréisfəl]
16	에	에벌래스팅, 영구한, 불후의, 끝없는, 끊임없는	형	everlasting [èvərlǽstiŋ]
17	게	게스후, 모르는 사람(stranger)	명	guesswho [géshu]
18	독	독, 독약, 독물	명	poison [pɔ́izən]

19	이	이디엄, 숙어, 관용구	명	idiom [ídiəm]
20	되	되살리다, 부활시키다, 부흥시키다, 회복시키다	동	revive [riváiv]
21	기	기만하는, 거짓된, 그릇된, 틀린	형	false [fɔ:ls]
22	도	도미넌트, 지배적인, 유력한, 우세한	형	dominant [dámənənt]
23	한	한참 만에		after a good while
24	다	다이렉틀리, 똑바로, 직접, 곧, 즉시	부	directly [dairéktli, dai-]

60 Bread is better than the song of the birds. 금강산도 식후경.

1	금	금세, 즉시		at once
2	강	강한, 격렬한, 집중적인	형	intensive [inténsiv]
3	산	산물, 생산품, 제작물, 결과	명	product [prádəkt]
4	도	도둑질, 절도, 절도죄	명	theft [θeft]

5	식	식큰, 구역질나게 하다, 신물 나게 하다, 물리게 하다	동	sicken [síkən]
6	후	후계자, 상속자, 계승자, 후임자	명	successor [səksésər]
7	경	경고, 경계, 주의, 훈계, 예고, 통고	명	warning [wɔ́:rniŋ]

61 Step by step one goes a long way.
천리 길도 한걸음부터.

1	천	천만다행하게도, 운 좋게도	부	fortunately [fɔ́:rtʃ-ənətli]
2	리	리커, 술, 알콜 음료, 독한 증류수	명	liquor [líkər]
3	길	길든, 길러 길들인, 유순한, 재배된	형	tame [teim]
4	도	도즌, 1 다스, 12개	명	dozen [dʌ́zən]
5	한	한밤중, 암흑, 깜깜한 어둠	명	midnight [mídnàit]
6	걸	걸, 갈매기	명	gull [gʌl]
7	음	음성적, 음성의, 부정적, 부정의, 부인의, 거부의, 취소의	형	negative [négətiv]

8	부	부근, 근처, 이웃, 근처의 사람들	명	neighborhood [néibərhùd]
9	터	터그, 당기다, 세게 잡아당기다, 노력하다	동	tug [tʌg]

62 The mountains have brought forth a mouse.
태산명동 서일필

1	태	택틱스, 작전, 책략, 방책, 전술(학), 용병술, 병법,	명	tactics [tǽktiks]
2	산	산들바람, 미풍, 연풍	명	breeze [bri:z]
3	명	명령적인, 강제적인, 피할 수 없는, 절박한, 긴요한	형	imperative [impérətiv]
4	동	동작, 운동, 활동, 몸짓	명	motion [móuʃ-ən]
5	서	서프라이징, 놀랄만한, 불가사의한	형	surprising [sərpráiziŋ]
6	일	일리시트, 불법의, 부정한, 불의의, 금제(禁制)의	형	illicit [illísit]
7	필	필, 피일, 껍질, 나무껍질 ; 껍질을 벗기다	명	peel [pi:l]

국립중앙도서관 출판예정도서목록(CIP)

첫말잇기 고등영단어 : 노래따라 단어암기 · 초단기 완성 /
저자: 박남규. -- 서울 : 유빅토리(Uvictory), 2016
p. ; cm

표제관련정보: 어제 왕초보 오늘은 암기달인 학습법
본문은 한국어, 영어가 혼합수록됨
ISBN 979-11-956951-3-3 03740 : ₩14000

영어 단어[英語單語]

744-KDC6
428-DDC23 CIP2015035373